不吼不叫
正面管教法

孙雷 ◎ 著

中国纺织出版社有限公司

内　容　提　要

现实生活中，很多父母都忍不住对孩子吼叫，误以为这样就能吸引孩子的关注，也能对孩子起到震慑作用，让孩子更听话。其实，父母这样的想法是错误的。真正懂得教育智慧的父母，会遵循科学的教育原则，也会坚持对孩子开展有效的教育，只有对孩子无计可施的父母才会以吼叫的方式对待孩子。

本书以先进的教育思想为基础，从各个方面阐述了如何心平气和地与孩子沟通。在孩子犯错、调皮捣蛋等各种情况下，做到与孩子顺畅交流，也能真正地把话说到孩子的心里去，打动孩子的心。真正有效的家庭教育，正是从父母戒掉吼叫开始的。

图书在版编目（CIP）数据

不吼不叫正面管教法 / 孙雷著.--北京：中国纺织出版社有限公司，2021.9
ISBN 978-7-5180-8366-4

Ⅰ. ①不… Ⅱ. ①孙… Ⅲ. ①儿童教育—家庭教育 Ⅳ. ①G782

中国版本图书馆CIP数据核字（2021）第022918号

责任编辑：赵晓红　　责任校对：高　涵　　责任印制：储志伟

中国纺织出版社有限公司出版发行
地址：北京市朝阳区百子湾东里A407号楼　邮政编码：100124
销售电话：010—67004422　传真：010—87155801
http://www.c-textilep.com
中国纺织出版社天猫旗舰店
官方微博http://weibo.com/2119887771
三河市宏盛印务有限公司印刷　各地新华书店经销
2021年9月第1版第1次印刷
开本：880×1230　1/32　印张：7
字数：128千字　定价：39.80元

凡购本书，如有缺页、倒页、脱页，由本社图书营销中心调换

前　言

在这个世界上，父母是最爱孩子的人，父母与孩子之间也是最亲密无间的。新生命从呱呱坠地，就要依靠父母的照顾才能生存下来。正是在父母的精心抚育之下，他们才能健康茁壮地成长。然而，很多父母在教育孩子的问题上时常感到非常迷惘和困惑。在孩子小时候，他们觉得自己与孩子之间是非常亲近的，但是随着孩子渐渐成长，父母却发现孩子与自己的关系越来越疏远，他们对孩子也越来越陌生，这是为什么呢？很大程度上是因为父母并不了解孩子的行为是出于怎样的动机，为了满足怎样的心理需求。每当孩子发脾气的时候，父母总是感到莫名其妙；每当孩子感到不满的时候，父母总是不能理解孩子的情绪和感受。

尽管父母以关爱之心给予孩子全方位的、无微不至的呵护，但是他们却常常收获深深的挫败感。面对油盐不进、淘气顽皮、对父母的话听若未闻的孩子，父母们只好拿起终极杀手锏——吼叫孩子。然而，很多父母很快就会发现，在他们最初以吼叫对待孩子的时候，孩子会感到害怕，会在短时间内变得乖巧，但是随着时间的流逝，面对父母的吼叫孩子却会哭闹得更加厉害，也会继续顽皮淘气。那么，父母该如何对待孩子呢？

父母只要用心反思，就会发现吼叫的方法并不能对孩子起到真正的教育作用，反而还有可能会伤害孩子。如果妈妈们总是通过吼叫来发泄怒气，那么她们在孩子面前就会失去威信。吼叫的声音越大，孩子就越是会受到伤害，教育的效果就越是会接近于零。渐渐地，孩子习惯了父母的吼叫，他们不再感到恐惧，而是报以漠然的态度，这会使父母对教育孩子感到信心全无。

在教养孩子的过程中，父母一定要用爱呵护孩子，要让孩子的内心保持平静愉悦，要为孩子营造温馨和谐的家庭环境，更要帮助孩子建立信心。如果父母总是吼叫孩子，不假思索地说出一些伤害孩子的话，那么孩子就会信心全无，也会因为在家庭生活中得不到爱与温暖而沮丧绝望。

作为父母，要常常进行反思，要知道自己在教育孩子的过程中哪些地方做得好、哪些地方做得不好，更要知道自己为何会养成吼叫的坏习惯，这样才能有针对性地戒掉吼叫这一坏习惯。养育孩子从来不是一件简单容易的事情，需要我们投入大量的时间和精力，更要经历漫长的过程才能做好。

经常吼叫的父母最终会发现他们的情绪随时处于崩溃的边缘，会因为任何原因而对孩子吼叫，有的时候他们哪怕是在工作中或者生活中受到委屈，心生怒气，也会把这些怒气发泄到孩子身上。我们必须提醒所有父母——吼叫不但会对自己的孩子造成伤害，甚至会对孩子的孩子造成伤害，这是因为吼叫是会代代遗传的。当吼叫通过遗传的方式在你的家族里蔓延，它就会像病毒一样毁了你的家庭，和你的子子孙孙。所以从现在开始，父母要改变对孩子吼叫的错误教育方法，努力寻找新的方式与孩子沟通和交流，从而有效地开展家庭教育。

作者

2020年11月

目 录

第一章　不吼不叫，才能成为孩子的好妈妈 // 001

　　理性克制，心平气和地与孩子沟通 // 003

　　倾听孩子，设身处地为孩子着想 // 006

　　言出必行，才能得到孩子的信任 // 009

　　允许犯错，对孩子雪中送炭 // 012

　　承认错误，明理的妈妈有威信 // 015

第二章　理解吼叫，才能减少吼叫 // 019

　　吼叫真的有用吗 // 021

　　吼叫对孩子的负面影响 // 024

　　当"足够好"的父母，无需对孩子吼叫 // 027

　　不要让吼叫成为习惯 // 031

　　吼叫会遗传 // 035

第三章　十年树木百年树人，先成人才能再成才 // 041

　　培养孩子的责任心 // 043

　　激发孩子的进取心 // 047

　　鼓励孩子勇敢地参与竞争 // 050

引导孩子迎难而上 // 053

鼓励孩子直面挫折 // 057

第四章 制定规矩，培养孩子的良好行为习惯 // 061

养成良好的饮食习惯 // 063

养成良好的作息习惯 // 066

讲卫生的孩子爱洗澡 // 070

勤刷牙，保护牙齿健康 // 074

教会孩子爱护视力 // 079

第五章 放手孩子，帮助孩子走向自理自立 // 085

不要凡事都替代孩子 // 087

告诉孩子：自己的事情自己做 // 089

引导孩子独立解决问题 // 093

鼓励孩子积极地尝试 // 097

让孩子吃点儿苦头 // 100

第六章 发掘孩子的天赋和潜能，培养孩子的兴趣爱好 // 105

发现孩子的天赋 // 107

让孩子生出想象的翅膀 // 110

培养孩子的创造力 // 114

　　　　培养孩子热爱阅读的好习惯 // 118

　　　　开阔孩子的视野，让孩子有大格局 // 121

第七章　引导孩子，好习惯才能收获好成绩 // 125

　　　　孩子，你是在为自己读书 // 127

　　　　授人以鱼不如授人以渔 // 130

　　　　夸赞孩子勤奋，而非聪明 // 135

　　　　慎用物质奖励和金钱奖励 // 139

　　　　孩子学习时，请别当监工 // 144

第八章　言传身教，为孩子树立为人处世的榜样 // 149

　　　　不要出口成"脏" // 151

　　　　孩子为何喜欢插话呢 // 155

　　　　尊重是相互的 // 159

　　　　在公共场所不能大声喧哗 // 163

　　　　遵守规则，有序排队 // 167

第九章　鼓励孩子结交朋友，学会与同龄人相处 // 173

　　　　给孩子结交朋友的机会 // 175

　　　　让孩子独立解决人际冲突 // 179

　　　　鼓励孩子多多与人合作 // 184

教孩子与人分享 // 187

面对不情之请,请说"不" // 190

第十章　做孩子的心理医生,给孩子爱与自由的成长环境 // 193

不攀比,成长更从容 // 195

不拜金,更加关注精神生活 // 199

不抱怨,积极面对才能解决问题 // 203

贪小便宜吃大亏 // 206

不嫉妒,才能云淡风轻 // 209

参考文献 // 214

第一章

不吼不叫,才能成为孩子的好妈妈

妈妈只有做到不吼不叫,才能成为好妈妈。如果妈妈总是对孩子吼叫,不但会让孩子对妈妈产生畏惧心理,还会让孩子对妈妈关闭心扉。要知道,一切的亲子教育都要建立在良好的沟通基础上,所以妈妈应该从现在开始改变吼叫的坏习惯,努力地成为心平气和的好妈妈。

理性克制，心平气和地与孩子沟通

每天早晨起床的时候，家里都会发生一场大战，这是因为特特在妈妈喊他好几遍之后，还是蜷缩在温暖的被窝里不愿意起床，结果妈妈就从温柔的轻声细语到歇斯底里的大喊大叫，总是把特特吓得大哭起来。这样一来，特特的动作就更慢了，他原本只需要几分钟就能穿好衣服，现在却磨磨蹭蹭，用了十几分钟也没穿好，他原本十分钟就能吃完早饭，现在却用了二十分钟都没有吃完。最终，特特不得不满脸泪痕、饿着肚子被妈妈送去学校。

有一次，特特也许是因为太高兴了，居然拿起笔在墙上画了起来。等妈妈看到的时候，雪白的墙已经被特特画得乱七八糟了。妈妈再也忍不住了，她忘记了自己要做心平气和的好妈妈，又开始冲着特特大呼小叫起来，甚至还动手打了特特的屁股。

特特非常伤心，他仿佛也陷入了歇斯底里、情绪失控的状态，冲着妈妈吼道："我讨厌你！我恨你！我不想要你这样的妈妈！你是个坏妈妈！"特特终于把压抑在心底的话说了出来，这让妈妈感到特别伤心。她这才意识到，如果自己不能真正改变对待特特的方式，那么虽然养大了特特，最终却会失去特特。

有一段时间,妈妈发现特特非常害怕她。只要不小心做了错事,特特就会胆怯地看着妈妈。有的时候,妈妈略微抬一下手,想做一些其他事情,特特也会吓得一哆嗦。看到特特这样的表现,妈妈感到非常愧疚,她知道是因为自己对孩子太过严厉,总是以吼叫的方式和孩子沟通,所以才让孩子变得这么畏缩胆怯。从此之后,妈妈渐渐地改变了自己与特特沟通的方式,渐渐地,特特再次和妈妈亲昵起来,有了知心话也愿意告诉妈妈了。

在这个事例中,妈妈之所以总是对特特大吼大叫,也许是因为工作忙碌,也许是因为照顾家庭的责任重大,所以她没有时间温声细语。尤其是在早晨喊特特起床的时候,如果特特总是不配合,不能很快地起床穿衣服,那么就会导致上学迟到。在看到特特把墙面画得乱七八糟的时候,妈妈更是无法控制自己的怒气。

其实,妈妈应该明白一点,那就是特特拖延起床已经陷入了恶性循环之中。妈妈越是喊他,他越是拖延。而特特之所以在白墙上画画,也许是因为他不知道这样的做法是错误的,所以妈妈应该跟特特讲道理。不管面对什么问题,都要有的放矢地选择有效的方法面对,才能起到更好的效果。换一个角度来看,特特既然已经把白墙画得乱七八糟了,妈妈即使骂特特也不能改变现实,所以妈妈与其以吼叫的消极方式处理问题,还

不如温和地对特特讲道理，让孩子知道以后不能再这么做。当妈妈宽容地对待特特，说不定特特更愿意主动地改正错误。

很多家庭里的气氛总是剑拔弩张，这是因为父母没有选择正确的方式与孩子沟通，尤其是在一些家庭里，妈妈更多地照顾孩子，那么在面对孩子的时候，一定要控制好自己的情绪。孩子毕竟还小，他们对于很多事情都不明白，有的时候也会因为缺乏自控力而做出一些出格的事情，所以妈妈必须理性地与孩子进行沟通，这样才能以正面积极的方式解决问题。

每个孩子的成长都离不开父母的照顾和教育，只有做到心平气和地与孩子沟通，孩子才能与父母拉近关系，增进感情，也才能从父母那里明白更多的道理。现实生活中，虽然很多妈妈都会有情绪失控的时候，但是妈妈们一定要意识到这个问题的严重性，也要尽量做到防患于未然。一旦让孩子感受到发自内心的恐惧，妈妈的教育就无法开展。此外，如果妈妈总是批评和打击孩子，孩子就会形成畏缩胆怯的性格特点，将来在面对人生中的各种困境时往往会轻易放弃，这对孩子的成长也是极其不利的。

要想做到心平气和地对待孩子，父母们就要理性地克制自己的情绪。当意识到自己的情绪即将崩溃或者是陷入冲动的状态时，父母可以暂时让自己恢复冷静，如离开事发现场，与孩子先分开。情绪的洪峰只需要短暂的时间就会过境，所以父母只要避开情绪的洪峰，再来面对孩子，就能有效避免因为愤怒而对孩子造成伤害。

此外，父母们都是最爱孩子的人。在教育孩子的过程中，父母要让孩子知道父母对他们的爱和心意，这样孩子才能接受父母的爱，也才愿意配合父母去做出很多改变。当然，父母教育孩子的重点不在于改变孩子，而是要在尊重孩子天性的基础上，对孩子因材施教，这才是最有效的教育。

倾听孩子，设身处地为孩子着想

洁洁从小就喜欢跳舞。每当听到音乐，她就情不自禁地随着音乐翩然起舞。在进入小学之后，洁洁爱跳舞的优势凸显出来。每当学校里或者班级里有活动的时候，都会让洁洁这个小舞蹈家进行表演。

到了小学中年级，学校里开展兴趣小组活动，洁洁当即就报名参加了舞蹈班。回到家里之后，她兴奋地把这件事情告诉了妈妈，但是没想到妈妈却强烈反对。妈妈认为，只有那些学习成绩不好的孩子才会走歪门邪道，但是洁洁的学习成绩很好，所以妈妈希望洁洁能够一路经历重点初高中进入名牌大学，将来找一份好工作，过安稳幸福的生活。所以妈妈对洁洁说："洁洁，你就不要参加活动小组了。你现在已经上三年级了，每天的作业都很多，放学之后早早地回家写作业，不好吗？而且我还给你报名了好几门课外辅导班呢，以后每天下午你都会非常忙。"

听到妈妈没有经过自己的同意，就给自己报名参加了辅导班，洁洁很不开心。但是她转念一想：只要妈妈答应我参加舞蹈班，我就愿意参加课外辅导班。洁洁以商量的口吻对妈妈说："妈妈，你能把辅导班的时间延后一点吗？我不怕辛苦，我想跳舞。"原本洁洁以为自己这么说了，妈妈一定会同意的，但是却没想到妈妈当即斩钉截铁地说："不行，辅导班必须参加，而且时间不能延后，延后了会影响你写作业和休息，所以你还是退出活动小组吧！"

看到妈妈这么强势，洁洁感到很伤心，她不想和妈妈起冲突。等到爸爸回家之后，洁洁又和爸爸说起了这个问题。爸爸很理解洁洁，也很支持洁洁以跳舞为兴趣爱好，所以他在得知洁洁的真实想法之后，又去做妈妈的工作。爸爸对妈妈说："孩子并不是不想上辅导班，而是希望在上完舞蹈班之后再去辅导班，她宁愿晚半个小时睡觉。由此可见，她有多么喜欢跳舞啊！"

在爸爸的劝说下，妈妈终于答应洁洁把辅导班的时间往后延迟，这样洁洁就可以在上完舞蹈课之后再去参加辅导班了。得到了妈妈的尊重和理解，洁洁非常开心，她在上辅导班的时候也特别用心。

很多父母都不愿意倾听孩子真实的想法，他们认为自己生养了孩子，所以就对孩子享有至高无上的主权。他们一厢情愿地按照自己的想法安排孩子的生活，也想按照自己的志向规划孩子的人生。有一些父母在发现孩子提出异议之后，能够倾听孩子真实的想法，有些父母却不由分说地否定孩子的想法，认为孩子只有服从的份儿，这种强硬的态度使得亲子关系越来越疏远。其实父母最重要的事情之一就是要倾听孩子的想法，这样才能了解孩子的所思所想，也才能更好地引导和教育孩子。

现实生活中，不乏有些父母和洁洁的妈妈一样，他们以爱为出发点，总是为孩子规划好一切。例如，在这个事例中，妈妈就在没有告知洁洁的情况下，为洁洁报名了辅导班，洁洁是一个听话懂事的孩子，她想和妈妈协商解决问题。不排除有一些孩子特别叛逆，非常反感父母自作主张的行为。如果父母能够在决定与孩子相关的事情之前，先和孩子进行友好的协商，让孩子也参与意见，那么孩子就会感受到自己受到了尊重，也会更愿意配合父母。

有相当一部分父母都忽略了孩子的想法和成人是完全不同的，孩子思考问题的出发点也是与成人不同的，所以当父母习惯性地以成人的眼光去看待关于孩子的各种问题时，就会在主观情绪的影响下不知不觉地忽略孩子的感受，漠视孩子的意见。父母理所当然地认为孩子喜欢他们的安排，而实际上孩子却很抵触。有一些孩子会把抵触的情绪压抑下来，努力配合父

母的安排，也有一些孩子的个性比较强，他们会对此表示抗拒，不愿意配合父母的安排。每当出现这样的情况时，父母一定要控制好情绪，要认识到自己的做法本身就是不合时宜的，切勿因为愤怒就冲着孩子大吼大叫。

对于父母而言，只有用心地倾听孩子，也学会换位思考，站在孩子的角度上考虑问题，从孩子的视角分析问题，才能与孩子之间建立更密切的关系，也才能解决更多的亲子教育问题，使家庭生活和谐愉悦。

言出必行，才能得到孩子的信任

这次期中考试，小雨取得了很好的成绩，妈妈承诺带着小雨去游乐场玩。但是周五妈妈突然接到公司的通知，需要在周末出差，妈妈只能和小雨解释原因。但是小雨已经期待很久要在周末去游乐场所玩了，所以当得知妈妈要延期去游乐场的时候，他感到非常失望，甚至流下泪来，伤心地说："你总是这样，事到临头就当逃兵！我再也不相信你的话了。"

听到小雨这样的抱怨，妈妈很生气，她当即对小雨说："我难道愿意出差吗？我不愿意在家里休息吗？我还不是为了多多挣钱给你提供更好的条件，你吃的穿的喝的住的用的行的，哪一样不需要钱呢？这都是我和爸爸辛辛苦苦挣来的！

你非但不觉得我很辛苦，反而还抱怨我，你可真是个白眼狼呀！"在妈妈的一番抢白之下，小雨一言不发，伤心地回到房间里，半天都没有出来。

过了一段时间，妈妈的情绪渐渐恢复了平静，她意识到作为孩子可能很难理解父母在工作上的无奈，因而意识到自己的做法是错的。她去厨房准备了一些小雨很爱吃的水果，端着水果来到小雨的房间里，坐在小雨的书桌旁说："小雨，妈妈刚才不应该对你大喊大叫。我知道你早就盼望着能去游乐场好好玩一玩了，我应该理解你的感受。你看这样好不好？我让爸爸带着你去游乐场玩啊，我会给你们俩充足的活动经费，让你们玩好吃好。然后等到妈妈出差回来之后，我会再带你去另一个游乐场作为对你的补偿，你觉得这个解决方案好吗？"

看到妈妈的态度如此诚恳，言语非常温和，小雨也羞愧地对妈妈说："妈妈，是我做错了，我不应该不理解你的辛苦，反而还抱怨你。去游乐场早一点或者晚一点其实也没有关系，等你回来，咱们一家三口一起去吧。"就这样，妈妈和小雨达成了谅解。

现实生活中，相信很多父母都曾经对孩子做出过承诺，但是在这些父母之中，真正能够坚持践行承诺的父母却少之又少。很多父母在兴之所至的时候随随便便就对孩子做出承诺，但是当真正发生了意外情况，导致不能兑现承诺时，他们非但

不能真挚地向孩子解释原因，反而会因为孩子不理解就对孩子大喊大叫。这样的情况多了，孩子当然不会再信任父母，而是会对父母心怀不满。

对于孩子而言，父母是他们整个世界中最重要的人，所以他们会更加看重父母的承诺。父母一定要把自己的承诺放在心上，除非有不可抗力的因素，否则尽量不要对孩子失言。父母应该意识到一点——孩子虽然小，但是他们是独立的生命个体，他们渴望得到父母的尊重，也渴望父母能够对他们践行诺言。父母尽管迫不及待地想要在孩子面前树立威信，但是却不要采取错误的方式，否则就会导致事与愿违。不管因为什么原因，父母都应该对孩子言出必行，这样才能在朝夕相处之间，在孩子面前树立威信。所谓威信，并不是父母对孩子非常严厉或者是霸道蛮横、不讲理就能够树立起来的，只有在点点滴滴的教育举动和多次践行诺言的过程中，孩子才会信任父母，也才会信服父母。

如果父母不能对孩子做到言出必行，又不给孩子合理的解释，而且不会因为自己的食言向孩子道歉，那么渐渐地，孩子就会受到父母的负面影响，也会把自己的诺言抛之脑后，认为不践行诺言并不是了不得的错误。这样一来，他们非但无法形成诚实守信的品质，反而会马上忘记自己说出的很多话。显而易见，每个人都要以诚信立世，如果孩子失去了诚信的品质，那么，他们将来在成长和发展的过程中都会面临很多障碍。

有人说，父母是孩子的第一任老师，我们要说，孩子也是父母的镜子。父母的一切行为都会折射在孩子身上，也会决定孩子的言行表现，所以父母在孩子面前必须言出必行，在需要的时候，还要诚恳真挚地向孩子道歉，解释自己不能践行诺言的原因，这样才能真正成为孩子的榜样，也才能以爱和尊重为钥匙打开孩子的心扉。在父母的爱与尊重之中成长的孩子，懂得如何尊重他人，如何关爱他人。显而易见，这不但有助于建立良好的亲子关系，增进亲子感情，对于培养孩子的人际交往能力也是大有裨益的。

允许犯错，对孩子雪中送炭

甜甜在学龄前和爷爷奶奶生活了一段时间，直到马上升入一年级了，妈妈才把她接到身边。家里突然多了一个孩子，爸爸妈妈还有些不适应呢。尤其是甜甜非常的顽皮，常常会犯错误，每当这时候妈妈就总是对甜甜大吼大叫。

有一天，甜甜伏在书桌上专注地画画，涂颜色，妈妈感到非常开心，暗暗想到：我终于可以放松一会儿了，不用再盯着她了。这么想着，妈妈打开电视，开始看一部期待已久的电影。大概过去半个多小时，甜甜兴奋地拿着完成的作品给妈妈看。妈妈看到甜甜的画色彩艳丽，夸赞了甜甜。但是她突然

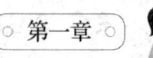

发现甜甜水彩笔的颜色已经渗透了画纸。她猛然想到：书桌倒霉了！

妈妈马上冲过去查看书桌的情况，这才发现书桌被水彩笔染得五颜六色。她狠狠地瞪了甜甜一眼，来不及批评甜甜，就去擦水彩笔的印记。但是这可是马克笔颜料啊，很难擦掉，妈妈一边擦一边生气地说："甜甜，你怎么回事儿？不是给你买了垫板吗，你画画的时候为什么不用垫板垫着呢？我告诉你，以后只要拿笔，不管是画画还是写字，都要用垫板，记住了吗？"甜甜吓得站在一旁动也不敢动，眼睛里噙着泪水，默默地看着妈妈。

妈妈生气之余，还把这件事情告诉了爸爸。爸爸得知情况之后问妈妈："你告诉她水彩笔画画的时候一定要垫垫板了吗？"妈妈说："我虽然没有专门提醒她，但是我的确给她买了个垫板。"爸爸说："孩子以前不在我们身边生活，很多生活习惯与我们都不一致，所以现在我们要允许孩子犯错误。只要她不是故意犯错误，我们就不要严厉地批评她，否则她会越来越胆小。"说完，爸爸对甜甜说："甜甜，下一次记得用垫板垫着画画，好吗？这次的事情不怪你，是因为我和妈妈没有提前告诉你。桌子被染色了也没关系，只要把垫板放在上面，就看不到桌子上的颜色了。反正你每天都要写字画画，垫板一直都要放在那里。这样吧，爸爸再给你买厚一些的画纸，这样你下次画画的时候水彩笔就不容易渗透画纸了。"听到爸爸的话，甜甜感动地哭起来，她对爸爸说："爸爸，要是妈妈也和你一样有耐心，在我第一次犯错的时候不对我大吼大叫就好了。"听了甜甜的话，妈妈羞愧极了。

很多父母都不允许孩子犯错误，这是因为孩子一旦犯错误，就会给父母带来很多麻烦。但是父母却忘记了一件事情，那就是孩子在成长的过程中必然会犯错误，没有孩子能够不犯错误就长大，所以对于孩子正常犯下的错误，父母要怀有宽容的态度，除非孩子是在故意调皮捣蛋，屡犯错误才应该被严厉批评。

在孩子犯错误之后，父母除了不要急于批评孩子之外，还应该想方设法对孩子雪中送炭。上述事例中，爸爸的做法就非常好，他意识到是因为画纸太薄了，水彩笔才会渗透画纸。所以他不但提醒甜甜用垫板，还要给甜甜买更厚的画纸，这样就能有效避免画纸被水彩笔的墨水渗透。这对甜甜而言简直就是雪中送炭，毕竟甜甜很喜欢画画，有了爸爸为她提供了便利的条件，她就可以更放心地画画了。

不仅孩子会犯错误，成人也会犯错误。作为父母，我们可以设想一下：如果我们不小心犯下了错误，我们是希望被他人劈头盖脸地数落一顿甚至被他人狠狠地惩罚，还是希望他人能够原谅和理解我们所犯的错误，并且帮助我们避免再次犯错呢？当然是后者。后一种做法能够让我们感到温暖，也会让我们更愿意接受。所以在孩子犯错误的时候，父母切勿对孩子横

眉怒目，更不要对孩子大喊大叫。父母一定要控制好自己的情绪。孩子既然已经犯下了错误，造成的后果也已经成为了既定的事实，那么父母就不要再因此而伤害孩子，否则只会导致结果更糟糕。当父母能够换一个角度理解孩子的行为，宽慰孩子的内心，孩子就会更愿意听从父母的话，也会更积极地改正错误，从而让亲子相处其乐融融，让亲子教育效果显著。

承认错误，明理的妈妈有威信

周五晚上，因为第二天是周末，所以萌萌可以看电视。有一个电视台正在播放萌萌最喜欢看的连续剧，萌萌看得特别入神。转眼之间时间已经到九点半了，但是萌萌的屁股仿佛粘在了沙发上，半天都没有动窝。她又开始看新的一集电视剧，这个时候，妈妈提醒萌萌："萌萌，现在已经九点半了。虽然明天是周末，但是我们要坚持良好的作息习惯，你只能比平日晚睡半个小时，不能睡得太晚，否则就会影响明天的日程安排。"

说完这句话，妈妈就去洗澡了。大概半个小时之后，妈妈洗澡出来了，发现萌萌还在盯着电视，连眼睛都不眨一下。看到萌萌如此入迷地看电视，妈妈不由得火冒三丈，她冲着萌萌吼道："萌萌，我洗澡至少要用半个小时，我刚才已经提醒过你应该睡觉了，但是你却还坐在这里。你还想不想要你的眼睛了？眼睛都看坏了，以后可怎么办？而且你明天还起不起床写作业了！你一点自觉性都没有，我就应该罚你一个月不许看电视。"听到妈妈的话，萌萌委屈地哭了起来。她说："我就算看电视看久了，也没有影响学习，更没有影响睡觉，你凭什么罚我一个月不许看电视呢！你就是一个地主老财，你就是一个霸道的妈妈！"听到萌萌的话，妈妈更生气了，正准备冲着萌萌继续河东狮吼呢，萌萌却回到房间里重重地关上门，再也没有出来。

事后，妈妈想起自己这样对待萌萌的确过于严厉了，毕竟孩子的自控力是有限的，他们不会像成人那样管好自己。退一步而言，有些成人也不能把自己管得非常好。所以妈妈认为自己之前对萌萌拖延关电视的行为反应过激了，毕竟自己只是提醒了萌萌就去洗澡了，而并没有督促萌萌。想到这里，妈妈走到萌萌的房间，对萌萌说："妈妈的确不应该罚你一个月都不许看电视，我其实应该在提醒你该睡觉了之后再次提醒你，不过我希望你下次能够主动一些，毕竟眼睛是非常重要的，如果戴上眼镜就不漂亮了，在生活中还会有很多不便。妈妈希望你能够爱护眼睛。"听到妈妈的话，萌萌也羞愧地说："妈妈，下次我会订一个闹铃的，我不是故意拖延时间的。我只是看得太入迷了，不知道时间已经过去了那么久。"

很多父母为了在孩子面前树立权威形象，不愿意在犯错之

后向孩子承认错误，更不愿意改正错误。其实，父母们不知道的是，如果作为父母能够积极地向孩子认错，诚恳地向孩子道歉，并且坦诚地告诉孩子真实的原因，那么孩子是可以理解父母的，也会恢复对父母的信任。现实生活中，我们经常看到的是很多父母因为各种原因而误解孩子，却拒绝向孩子承认错误或道歉，而这会把亲子之间的矛盾与冲突推向更高潮，使亲子关系剑拔弩张，也使孩子感情受到伤害。

也有一些父母误以为所谓树立威信，就是要摆出当父母的架子，高高在上，对孩子颐指气使。实际上，真正树立威信与对孩子居高临下是毫无关系的，明智的父母为了在孩子面前树立威信，放低自己作为父母的姿态，也会放下架子。尤其是在孩子沟通的时候，他们会蹲下来平视着孩子的眼睛，温声细语地与孩子交谈，这样才能避免给孩子造成压迫感，孩子也才更愿意向父母敞开心扉，把自己的真心话都告诉父母，并且会发自内心地尊重父母。

在孩子面前树立威信，对于父母顺利地开展家庭教育是很重要的。试想一下，如果父母在教育孩子的过程中说出的话都不能得到孩子的信任，孩子对父母说的话嗤之以鼻，那么孩子自然不愿意配合父母去做一些事情，父母所期望的家庭教育肯定无法顺利开展。

父母切勿将树立威信与吼叫联系在一起，父母越是吼叫，越是会让孩子对父母失去尊重。明智的父母会知道，真正的尊重是以尊重换来的，所以他们会首先尊重孩子，也知道只有对孩子晓之以理，动之以情，才能解开孩子心结，让孩子对父母敞开心扉。从现在开始，作为父母，我们应该以正确的方式在孩子面前树立威信，赢得孩子的信任。

第二章

理解吼叫，才能减少吼叫

作为父母，理应知道更多有效规范孩子行为习惯的好方法，这样才能在孩子成长的过程中对孩子起到积极的引导作用，也才能有效地帮助孩子改善行为举止。父母应该认识到吼叫尽管能偶尔在短期内产生一定的效果，但是从长远来看，吼叫并不是有效的教育方式。那么，父母如何做才能减少吼叫的频率呢？最重要的是要理解吼叫，也要知道吼叫所产生的积极作用和消极作用，这样才能坚持开展良好的家庭教育。

吼叫真的有用吗

三岁的哲哲是一个非常有主见的孩子，他不愿意凡事都听从父母的安排。有一天，妈妈带着他走在一条热闹繁华的街道上，他非常兴奋，走着走着，忍不住跑了起来。他跑到前面距离妈妈比较远的地方，但是依然在妈妈的视线范围内。但是他没有停下来，而是继续头也不回地向前跑。意识到哲哲即将跑出自己的视线范围，妈妈没有冲着哲哲喊叫，而是快步跟上哲哲，拉住哲哲的手，让哲哲停下来。接下来，妈妈蹲在哲哲的面前，看着哲哲的眼睛，和善而坚定地对哲哲说："不许跑到我的前面，要和我手拉手并排往前走。"

也许是看出了妈妈正在隐忍和控制自己的情绪，也许是感受到了妈妈的语言中有着强大的力量，哲哲一反常态地哭了起来。要知道，以往妈妈呼叫他的时候，他总是故意与妈妈对着干，说不定还会跑得越来越远呢！但是妈妈的方法改变了，这让他感到有些无所适从。这个时候，妈妈耐心地告诉哲哲："哲哲，你跑到前面离开妈妈太远了，如果发生危险的情况，妈妈没有办法及时保护你。"听到妈妈说清楚了原因之后，哲哲的情绪渐渐恢复了平静，妈妈安抚好哲哲之后，就手拉手地和哲哲一起往前走去。此后，哲哲再也没有跑到妈妈前面很远的地方。

作为父母，如果你觉得吼叫非常有用，那么你就会频繁地吼叫。实际上，当父母对孩子大吼大叫的时候，孩子并不会完全配合父母。有些孩子非常叛逆，他们会因此而与父母对着干，或者是故意与父母针锋相对。即便有些孩子的性格比较内敛，但是他们内心是很倔强的，所以尽管他们听到了父母在吼叫，却依然我行我素。

对于何时可以吼叫，每个父母都有不同的理解和观点，不得不说，为人父母就像是一门需要即兴发挥的艺术，不仅没有一定的规矩，也没有固定的教育对象，而且所有的情况都处于千变万化之中。这对父母的教育提出了更高的要求，父母必须因人制宜，根据孩子的实际情况做出调整，也做出及时应对。

我们完全可以决定自己什么时候应该吼叫，也可以决定自己是不是应该改正教育方法，这都取决于我们对于教育的反思和认识。必须牢记的一点是，父母与孩子的关系不仅仅影响到孩子现在的成长，也影响到孩子未来的人生。因为在父母总是吼叫的家庭中生活，孩子很容易受到负面影响，他们也会渐渐地学会以吼叫的方式和父母交流。试问，当你老了，你希望每天都被孩子吼来吼去吗？如果你不希望出现这样的情况，那么从现在开始，你就应该停止对孩子吼叫，这才是最明智的做法。

在即将发生危险的时候，或者是当孩子处于容易受到伤害的情境之中时，父母是应该吼叫的。举例而言，孩子正冲入车辆川流不息的街道，孩子试图用手去触摸沸腾的锅。在这些紧

急情况下，吼叫是很有必要的，因为这些情况的确特别危急。如果不吼叫，父母似乎很难引起孩子的注意。但是，如果父母已经习惯了在日常管教中对孩子吼叫，那么孩子对父母的吼叫就不会那么敏感。只有平日里坚持温言细语教育孩子的父母，他们的吼叫才会引起孩子的警惕。

面对危急的情况，父母如果已经通过吼叫制止了孩子的行为，就要注意切勿反复唠叨孩子。每个人都会出现心理学上的超限效应，孩子也很可能会在父母反复唠叨或者是抱怨之中产生超限效应。这样一来，父母的吼叫只是制止了他们的行为，却并不能让他们意识到自己的错误，这样的教育当然是不到位的，效果也很有限。

现实生活中，有些时候父母之所以吼叫，是针对孩子的，如孩子正在做出危险的行为。也有些时候父母的吼叫并不是针对孩子的。例如，孩子一不小心把水泼在了你的手机上，你有可能因为着急而喊道"快拿毛巾，快！快"，在这种情况下，你其实是想以吼叫的方式，防止手机因为进水而短路。但是如果你不能很好地控制自己的情绪，孩子就会误以为你是因为他做出了这样不小心的举动，所以在责备他，这会让孩子感到很沮丧，也有可能会恐惧。

接下来，我们需要探讨的问题是——何时可以吼叫，在对这个问题深入思考之后，我们就会意识到：只有在吼叫有用的时候，我们才能吼叫。如果吼叫始终没有用处，甚至起到了相反的效果，那么我们就不应该吼叫。我们越是强烈地想要吼叫，越是应该意识到自己已经进入了情绪的漩涡，或者出现了情绪失控，那么我们一定要控制好自己，可以让自己冷静几分钟，说不定几分钟之后，我们想吼叫的欲望就没有那么强烈了。不管何时，要想对孩子进行积极有效的教育，我们就必须做出改变。

吼叫对孩子的负面影响

不可否认的一点是，吼叫对孩子们会产生很多负面影响，正因如此，父母们才要积极改变吼叫的坏习惯——尽量减少对孩子吼叫的次数，并且找一些更有效的方法对孩子开展教育。很多父母在对孩子吼叫之后，都会对孩子说出的话感到震惊。例如，孩子会对爸爸妈妈说"我恨你"或者"爸爸妈妈不爱我了"，父母们从来没有想到，他们的吼叫居然会给孩子带来如此糟糕的感受。每当父母吼叫，有些孩子脸上会出现极其恐惧的表情，当发现孩子因为吼叫而做出这样的应对时，父母都会有强烈的冲动，想要当即改变吼叫的坏习惯。然而。每当孩子犯了错误或者是不听父母的话时，父母们马上就会忘记自己的誓言，又会再次对孩子吼叫起来。由此一来，家庭教育就陷入了恶性循环的状态。在父母们一次次后悔与故技重施的过程

中，孩子在父母的吼叫之中失去了安全感，甚至认为自己被父母抛弃了。

心理专家经过研究发现，吼叫会影响孩子对世界的感受，也会影响孩子自我认知的能力。如果孩子长期在父母的吼叫声中长大，他们就会在潜移默化中受到父母的影响，也表现出很强的攻击性。当走出家庭与他人交往的时候，这些孩子很难与他人建立良好的人际关系。试问一下，如果孩子在家庭生活中都没有得到父母温暖的关爱和照顾，他们又如何会与他人之间建立和谐友好的关系呢？

既然吼叫对孩子的负面影响这么大，那么父母应该从哪些方面积极地努力，从而改掉吼叫的坏习惯呢？

首先，父母要控制好情绪。很多人都是情绪的奴隶，这是因为他们不能主宰和驾驭自己的情绪。例如，有些父母会因为孩子无意间犯下的一个错误就对孩子大吼大叫，也有的父母会因为孩子在某些方面的表现不好，就对孩子说出一些过激的言辞。事实证明，孩子在早晨与父母发生了冲突之后，去学校进行学习的过程中会因此而分散注意力，无法集中精力做与学习有关的很多事情，影响学习效果。

当然，这并非意味着父母不能生气。人是情感动物，也是情绪动物，每个人都会产生各种各样的情绪。作为父母，既然我们要照顾和教育孩子，就应该找到更好的方式发泄自己的愤怒，这样才能在帮助孩子的过程中始终保持平静和理性。

其次，父母要谨言慎行，切勿口无遮拦。很多父母在暴怒之下冲着孩子大吼大叫，其实已经处于情绪失控的状态。在这样的情况下，他们会冲着孩子说出伤人的言语，伤害甚至侮辱孩子的情感，这些举动都会让孩子感觉糟糕透顶。有些孩子也许会忘记父母曾经打过他们，但是他们会牢牢地记住父母曾经对他们说过的话，那些话让他们感到心碎欲绝，让他们感到自己一无是处。

正如人们常说的，幸福的童年治愈一生，不幸的童年需要用一生去治愈。即使长大成人，也有一些孩子依然记得父母对自己说过的那些话，这仿佛是他们心中的一根刺，一旦想起来，就会隐隐作痛。作为父母必须谨言慎行，不要对孩子口无遮拦，说出去的话如同泼出去的水一样是收不回来的，这比打在孩子身上一巴掌引起的后果更加严重。

再次，父母要营造良好的家庭氛围。很多夫妻相处的时候会对彼此说一些恶言恶语，这样同样会对孩子造成很大的负面影响。如果家庭氛围轻松愉悦，家人之间能够自由自在地交流，无忧无虑地嬉戏，做到相互信任、相互理解、相互尊重，那么孩子就会受到这种气氛的影响，也变得性格开朗。反之，如果家庭的气氛剑拔弩张，每天都会发生至少一次争吵，那么孩子就会感受到很大的压力，在与人沟通的时候将会形成消极的表达习惯，甚至也会对人大吼大叫，这对于孩子的成长是极其不利的。

理解吼叫，才能减少吼叫　第二章

最后，设身处地感受吼叫的负面影响。虽然经过前文的学习，父母们已经知道了吼叫会对孩子造成负面影响，但是父母并不是孩子，他们无法设身处地地感受到孩子在听到自己的吼叫时真实的感受。所以，父母应该想方设法地感受吼叫对孩子的影响，这样父母才能体谅孩子的感受，也才能真正发自内心地想要改变吼叫的坏习惯。

在心理学领域中，心理暗示的作用是非常强大的。父母如果对孩子说出一些积极的言语，孩子就会受到积极的心理暗示作用。反之，父母如果总是对孩子说一些消极的言语，甚至以吼叫的方式批评、否定、训斥和打击孩子，那么孩子就会受到负面的心理暗示作用。父母应该观察孩子对吼叫的反应，也可以让自己置身于同样的情境之中，理解孩子对吼叫做出的情绪反应。当父母坚持练习，坚持改变，相信吼叫就会远离孩子，孩子也会在没有吼叫的家庭氛围中享受幸福快乐的童年。

当"足够好"的父母，无需对孩子吼叫

很多父母知道吼叫会对孩子们产生负面影响，但是他们并没有意识到吼叫也会给自己带来如此糟糕的感受。当父母每天进行关于吼叫的练习，感受吼叫对孩子们的负面影响，那么他们就会意识到自己是一个糟糕透顶的父母，也会感到特别沮

丧，甚至判定自己作为父母是很失败的。实际上，当好父母是每个人需要毕生从事的伟大事业，只有做好这项事业，家庭生活才能幸福和睦。如果做不好这项事业，那么父母与孩子之间的关系就会渐渐疏远，也会产生隔阂，这些糟糕的亲子相处状态都会使父母产生深深的挫败感。

很多父母在送孩子去幼儿园的时候都会观察幼儿园的老师对待孩子的方式。父母也可以向幼儿园老师学习。众所周知，在幼儿园阶段，孩子们正处于三到六岁之间，这也是孩子们非常顽皮淘气的成长阶段。可想而知，幼儿园老师是非常有耐心的，而且他们掌握了很多的技巧与孩子相处。

父母虽然是孩子最亲近的人，也是最爱孩子的人，但是却未必是与孩子相处得最好的人。父母应该怀有积极学习的心态，当父母足够好，就不需要对孩子吼叫。吼叫与其说是父母对孩子施展权威，不如说是父母因为心虚而逃避现实，想以这种简单粗暴的方式与孩子沟通。可以说，吼叫正是父母无奈和无能的表现。

具体来说，父母要做到哪些方面，才能足够好，才能不再对孩子吼叫呢？

首先，要学会有效的方法，即认知行为疗法。这个方法是非常积极有效的，具体来说，父母要觉察到自己的负面想法，并且能够用积极的想法代替这些负面的想法，这会帮助父母平复焦虑的情绪。从本质上来说，很多父母之所以对孩子吼叫，往往是因为他们的内心很焦虑。他们觉得自己无法处理好所有的事情，也不能管好孩子，所以吼叫从本质上来说其实是父母对于自身产生无力感的表现之一，也是父母对自身不满意的表现之一。

细心的父母会发现，当有充裕的时间专心致志地陪伴孩子，父母对孩子吼叫的概率就会大大降低。反之，如果父母不得不一边工作一边兼顾家务，还要看管着孩子，那么对孩子吼叫的概率会大大提升。这是因为当父母专心地陪伴孩子时，他们不用为了做其他事情而分心，也不会因为没有时间做好其他事情而感到焦虑。而当父母不得不一心二用，甚至一心三用，兼顾到方方面面的时候，他们就会感到分身乏术，情绪也会因此而陷入崩溃的状态。

认知行为疗法，恰恰可以帮助父母们感知自己的情绪和感受，从而有效地安抚自己暴躁的情绪，也可以采取有效的方法帮助自己减少一些需要完成的任务。哪怕把这些任务顺延开来，让自己在每个时间段都可以专心致志地做其中的某一项任务，对于父母也会有极大的帮助。

其次，不可否认的是，很多父母都会产生深深的愧疚感和挫败感。有一些父母因为不知道如何教育孩子，既想改变吼叫的坏习惯，又忍不住对孩子吼叫，所以会对自己持有否定的态度。这种否定的态度恰恰会让父母感到焦虑，从而引起父母的情绪发作，给孩子造成负面影响。所以哪怕是因为不能更好地教育孩子而感到焦虑、羞愧或者内疚的时候，父母也应该对自己进行积极的评价，从而改变自己的负面想法。

例如，当你又一次因为觉得自己不够好而对孩子吼叫，把孩子吓得哇哇大哭时，不要抱怨自己不是好父母，甚至担心自己最终会亲手毁了孩子，这些消极的想法只会让你的情绪变得越来越糟糕。你应该告诉自己"下次，我不会再让这样的情况发生""我要坚持学习""我要为了孩子努力""我现在就要开始改变，因为即使现在才开始改变也不算晚"。这些积极的想法能够给我们积极的暗示，让我们鼓起信心和勇气做得更好。

没有任何父母在教育孩子的过程中不曾面对困惑。每个父母都常常因为觉得自己不够好，因为觉得自己是不合格的父母、糟糕的父母而沮丧。但是每个父母却依然要努力做到最好，具体来说，既不要责备自己，也不要因为自己的表现不佳而感到羞愧。与其浪费宝贵的时间做这些毫无意义的事情，还不如切实地去想出一些方法来改变对孩子的教育方式，从而为营造良好的亲子关系、开展有效的亲子教育做好准备。

最后，从现在开始减少吼叫。很多父母就像寒号鸟一样，总是把事情推托到明天。他们常常说"我明天就开始改变自己""我明天就不再对孩子吼叫""我明天就要与孩子建立良好的关系"，试问，人生有多少个明天可以蹉跎呢？很多事情我们想到了就要当即去做，只有从现在开始积极地改变，我们才能成为对孩子负责任的父母。

改变从来也不晚，但是改变必须从现在开始，所以父母们如果有减少吼叫的决心，就应该不给自己反悔的机会，也不给自己放纵的理由，从现在就当机立断地坚决改变。当好父母绝不仅仅只面对情绪失控这一个糟糕的问题，实际上，当好父母还要面对很多其他的难题。我们固然要注重控制好自己的情绪，却也不要把所有的关注点都集中在情绪上。即使我们是很喜欢吼叫的父母，也不会在一天24小时的时间里每时每刻都朝着孩子吼叫。有的时候我们还是可以和孩子友好相处，并且对孩子做出积极回应的，而且也能够专心致志地陪伴孩子。所以为了减少吼叫，我们可以多想一想这些和谐融洽的情形，这样我们就会受到爱的感召，更愿意以友善的方式对待孩子。

美好的渴望会成为我们改变吼叫的积极动力，有的时候我们也可以询问大一些的孩子对我们有怎样的想法和看法，还可以告诉这些大一些的孩子我们是想要做出改变的，让他们在必要的时候提醒我们，这样我们就多了一个督促者，改变也会进行得更加及时。

不要让吼叫成为习惯

很多人之所以经常吼叫，是因为他们已经把吼叫变成了一种习惯。他们承受着巨大的压力，也经常会触动情绪触发器。

当吼叫变成了习惯之后，他们就会不假思索地吼叫，正所谓习惯成自然。

例如，我们每天清晨起来都要洗脸、刷牙，这是每个人都要做的事情，很少有人会在清晨起床之后一天都不洗脸、刷牙，这样就会整日都迷迷瞪瞪的。当一种行为变成习惯之后，就不再需要反复叮嘱，也不需要别人催促。由此可见，习惯具有强大的力量。如果吼叫变成习惯，就会让人感到特别郁闷，这是因为吼叫的习惯者总是不假思索地做出吼叫的反应。当吼叫变成习惯之后，在吼叫之前，他们甚至从不进行思考，而只是凭着惯性去做。

作为父母，我们要反省：吼叫为何会变成一种习惯呢？其实，触发父母吼叫的因素有很多。例如，他们会因为过于疲劳而感到心力憔悴，会因为承受着工作和生活的双重压力而感到不堪重负。在不只有一个孩子的家庭里，父母们还会因为兄弟姐妹之间的矛盾和争执而感到抓狂，尤其是有些孩子特别叛逆，他们不愿意听从父母的话，又常常会因为淘气而做出各种出格的举动，这都会让父母觉得生活千愁万绪，一地鸡毛。所以，很少有父母能够在兼顾工作与家庭生活，且还要照顾孩子的情况下，依然保持淡定。

那么，为了改变吼叫这个坏习惯，父母应该做到以下几点：

首先，不要试图控制孩子。很多父母会理所当然地认为自己生养了孩子，就应该享有对孩子至高无上的权利，孩子就

必须凡事都听从自己的。一旦孩子不愿意听从父母的指令，父母就会忍不住对孩子大吼大叫，这种行为往往是自然而然发生的。如果父母在吼叫之后能够让孩子的行为改变，那么他们就仿佛得到了激励，会更加频繁地使用这种方法。当有一天吼叫不再起作用的时候，父母想要改变吼叫的习惯，换另一种方式去教育孩子，却已经为时已晚了。

提高声调并不是一个能够让他人关注自己语言的良好行为，有的时候降低声调反而会吸引他人的关注。但是与孩子互动的过程中，孩子如果玩得正开心，或者是正在淘气的时候，父母如果以平常的声调和孩子说话，孩子往往不会积极地回应父母。只有在父母把声音抬高八度的情况下，孩子才会对父母做出回应，这也在无形中促使了父母继续保持吼叫的习惯。

然而，吼叫并不是一种好习惯，它不会让家庭教育更加轻松，也不能让孩子更加懂事听话，所以我们应该积极地改变吼叫的坏习惯，寻求更好的方式与孩子相处。

其次，消除内心的疲惫感。很多父母在应对生活的过程中都会感到疲惫，尤其是在没有老人帮忙照顾孩子的情况下，他们往往会觉得自己是孤立无援的，是没有任何支持的，这使得他们感受到心力憔悴。现代社会生活的压力很大，大多数父母在教育孩子的过程中都需要兼职工作，作为爸爸一心一意地工作尚且还好，作为妈妈却不但要工作，还要照顾家庭，更要承担起教育孩子的重任，这些会让妈妈感到无力应对。

为了消除内心的疲惫感,为了在教育孩子时获得更多的支持,父母可以在必要的情况下向他人求助,或者是借力。如果实在没有老人帮忙,还可以请优质的儿童看护,虽然这样会在经济上紧张一些,但是至少能够让父母保持良好的心态面对生活、工作,也能始终情绪愉悦地面对孩子,从而使家庭教育取得更好的效果。

再次,要保证充足的睡眠。很多父母都会感到精疲力竭,这是因为他们每天如同旋转的陀螺一样转个不停,常常会因为缺乏睡眠而出现疲惫不堪的情况。例如,有些父母在上班的时候常常打盹,也有一些父母因为缺乏睡眠出现烦躁不安、注意力不集中的情况,这些都会使父母在面对孩子的时候难以控制情绪。尤其是妈妈,因为主要承担起照顾家庭和教育孩子的重任,所以她们的情绪上就会更加波动。

充足的睡眠能够帮助人们保持情绪的稳定,对于家里有小宝宝的夫妻而言,最好不要把照顾孩子的重任交给某一个人,而是应该轮流承担起照顾孩子的重任。例如,一个人负责晚上照顾宝宝,一个人负责白天照顾宝宝,这样就可以轮番接力,从而让彼此都能够得到充足的休息。如果夫妻不能轮流照顾宝宝,那么也可以在固定的时间里请人帮忙照顾宝宝,使自己得到片刻休息,这也是非常难得的。

最后,要拥有打破习惯的决心和力量。既然父母已经意识到吼叫变成了习惯,那么就不要过于苛责自己,也不要因此而

感到灰心丧气。尽管习惯是很难改变的，但是我们并不是要在一夜之间就彻底地改掉吼叫的坏习惯，而是要循序渐进地让自己的行为发生改变。

有人说好习惯的养成需要漫长的时间，而坏习惯则恰恰相反，坏习惯的养成只需要很短暂的时间。反之，要想戒掉坏习惯却需要漫长的时间。所以我们要有足够的耐心，在生活的点点滴滴中提醒自己做出切实的改变，这样才能有更好的感受和体验。

总而言之，我们不能够让吼叫成为一种习惯，否则我们就会给孩子做出坏榜样，而且也会在无形之中影响孩子，使孩子习惯于我们的吼叫，这当然是很糟糕的亲子相处方式和家庭教养模式。

吼叫会遗传

说起吼叫会遗传，父母们一定会感到非常惊讶：吼叫又不是深刻在DNA里面的，为什么会遗传呢？现实告诉我们，吼叫的确会代代相传，甚至在某些家族里，吼叫已经成为了家族文化不可缺少的一部分。一代一代的人传承着吼叫的接力棒，使家庭教育持续呈现出恶化的趋势。

当然，这里所说的遗传并非生物学意义上的遗传，而是行

为习惯上的遗传。具体来说，如果你的爷爷奶奶很喜欢对你的父母吼叫，那么你的父母就会对你吼叫，而你又会对你的孩子吼叫，你的孩子又会对你的孙子吼叫。通过这样的接力棒，吼叫在你们家生生不息地延伸着，对所有家庭成员的影响都是非常大的。由此可见，原生家庭给人的影响深刻而又绵长，仿佛进入了人的血液，让人难以彻底忘记，这就提醒我们要更好地经营家庭，为孩子提供良好的成长条件，而不要以原生家庭的方式给孩子的人生烙上烙印。

在这里，父母尤其需要关注的一点就是，虽然父母对孩子吼叫是错误的行为，但是孩子对父母的爱却不会加以理性的判断和选择，这是因为孩子还小，他们还没有独立思考的能力，也不能自主地做出判断。这些因素综合作用，使得孩子们在不知不觉间模仿父母的言行举止。孩子不知道父母做的是错的，因而会受到父母的影响，并且在无意识的状态下学习父母，以父母为榜样。

从孩子的角度来说，应该学会甄别父母的行为举止是正确的还是错误的，也要有选择地学习父母的言行。但是这对于年幼的孩子而言显然是很难实现的，而等到孩子具备了这样的能力时，父母的很多坏习惯和不良行为却已经对孩子们造成了不可挽回的影响。所以更重要的是，父母要控制好自己的情绪，避免对孩子吼叫，这样才能真正为孩子营造更加平静和谐的生活环境。

作为父母，也可以回忆自己在原生家庭中生活的情况。很多父母对于自己现在教育孩子的行为举动都找不到根源，这样就无法从根本上解决问题。如果父母懂得一些心理学知识，也很关注原生家庭对人的深远影响，那么就可以反思自己曾经受到了父母怎样的对待，也就能从根源上消除自己内心的障碍，这对于帮助父母改掉吼叫的坏习惯是非常有帮助的。

为了避免把吼叫遗传给孩子，父母还应该再在接收到情绪预警的时候，及时控制自己的情绪，如可以采取转移注意力的方法，让自己暂时离开事发当地，或者是不再面对那个令自己愤怒的人。也许在过了片刻之后情绪就会渐渐恢复平静。此外，父母还可以让自己在情绪激动的情况下去做一些其他的事情，这样都能帮助父母在最短的时间内放下愤怒，从而消除不良情绪。

当然，遗传的力量是非常强大的，尽管这不是生物学上的遗传，只是行为习惯上的遗产，但是这样的遗传足以改变人的行为。在孩子小时候，父母也许更加关注或主动照顾孩子，但是随着孩子不断成长，经常犯错误，父母就会忘记自己的初心，也会在不知不觉间采取自己曾经受到对待的方式去对待孩子。父母一定要时刻牢记必须终止这样的代代遗传，不再重蹈父母的覆辙。

当然，在必要的时候也可以和孩子进行沟通。毕竟对于父母而言，我们也是没有经验的。教育的对象是孩子，我们很有必要让孩子知道父母真实的心理感受。如果不能得到孩子的理解，我们还可以把自己曾经生活的原生家庭的情况告诉孩子，这些伤痛的经历说不定还能引起孩子的同情和共鸣呢！从孩子的角度来说，孩子也可以避免自己做出触发父母情绪控制器的事情，这样就可以双管齐下，帮助父母尽快改掉吼叫的习惯。

如果已经出现了吼叫的行为，或者渐渐形成了吼叫的习惯，父母无需感到懊丧，毕竟每个人都不是完美的。俗话说，金无足赤，人无完人，既然如此，我们既要正视自己的缺点和不足，也要积极地面对自己的缺点和不足。

俗话说，解铃还需系铃人，在做完上述这些措施，也采取了有效的手段之后，我们如果想要避免吼叫，还应该找到事情真正的原因。在人际交往的过程中，我们很容易就会受到伤害，有一些父母在工作或者生活中遭到不如意而又无法向当事的对方发泄出来的时候，就会迁怒于孩子。在家庭生活中，孩子很容易成为发泄的对象，这是因为孩子是家庭生活中的弱小者，他们对于家庭生活还没有做出任何贡献，所以父母在潜意识中就会觉得孩子应该承受父母的不快和指责。这种迁怒于孩子的行为，对孩子是极其不公平的。

父母在发泄愤怒的时候，应该问一问自己到底是在生谁的气。如果确定自己并不是在生孩子的气，而是在生配偶、老板、同事、朋友或者是自己父母的气，那么我们应该把自己的枪口调转方向，不要再指向孩子。当然我们也不要因此就与

那些惹我们生气的人大动干戈，而是可以采取有效的方式与他们进行沟通，诉说我们内心真实的感受，从而圆满地解决问题。

很多父母只要反思自己，就会发现自己在生气之后没多久，就会开始后悔冲着孩子吼叫。其实，父母真正的生气对象并非孩子。对于孩子而言，他们莫名其妙地就被父母吼叫或者是泄愤，自然也会感到特别委屈。那么父母不要再以这样的方式对待孩子，而是要能够真正地尊重孩子，不要因为孩子是家庭生活的弱小者，就把孩子当成出气筒。

父母总是向孩子泄愤或者是吼叫，还有一个原因，那就是孩子不管受到父母怎样的对待，都会一如既往地爱着父母。哪怕他们前一刻才刚刚被父母严厉训斥过，并且刚刚哭过鼻子，但是他们下一刻又会毫无防备地以赤诚之心面对父母，而且他们只想更好地爱父母，这就是孩子对父母无条件的爱、接纳和依赖。所以父母从现在开始，不要再因为任何原因而伤害孩子，也不要因为吼叫而让孩子陷入恐惧之中了。

第三章

十年树木百年树人，先成人才能再成才

俗话说，十年树木，百年树人。对于孩子而言，只有先成人才能再成才。如果孩子不具备优秀的人生品质，在面对生命的坎坷挫折时，轻而易举地就放弃或者一蹶不振，那么不管孩子多么有才华，他们都不能够真正地成为栋梁之材。在培养孩子的过程中，父母一定要把握好教育孩子的重心，从而给予孩子更好的引导和帮助。

培养孩子的责任心

麦克唐纳是美国品德教育联合会的主席，他对于责任有着至高无上的评价，他曾经说过，"一个人如果能力不足，那么可以用责任来补足；一个人如果责任不够，那么能力是无法弥补的"。对于孩子而言，必须具有责任心，才能在很多方面都做出出类拔萃的表现，也必须具有责任心，才能立足于社会，在事业发展上获得伟大的成功，在家庭生活中获得人人梦寐以求的幸福。

遗憾的是在现实生活中，很多孩子都缺乏责任心。其实，责任心并非与生俱来，而是在后天成长的过程中渐渐形成的。大多数孩子之所以没有责任心，是因为他们并不知道责任的意义何在。造成这种局面与家庭教育脱不开关系。比如，在家庭生活中，父母和很多长辈都会把所有的爱投注到孩子身上，还会不由分说地代替孩子做很多事情，这就使得孩子没有机会为某件事情负责。又因为父母总是溺爱孩子，从来不培养孩子的责任心，所以孩子就更没有机会形成责任感。此外，还有些父母对孩子骄纵无度，使孩子变得任性霸道，也使孩子的成长距离父母的期望越来越远。

责任心对于孩子的成长是如此的重要，那么作为父母，应该如何培养孩子的责任心，让孩子成长为有担当的强者呢？

首先，要培养孩子自己的事情自己做的好习惯。一个孩子如果不能独立完成自己该做的事情，而总是依赖父母的照顾，那么他们就很难形成责任感，更难走向自立自强。这是因为孩子对自己都不能负责，又如何对其他的人和事负责呢？所以要培养孩子的责任心，首先要教会孩子自己的事情自己做。

当然，这也许很难，因为孩子从小就过惯了衣来伸手，饭来张口，不需要为任何事情而操心的生活。这就要求父母必须有教育的大格局观，在教育孩子的过程中就能够循序渐进地对孩子放手。也许孩子在年幼的阶段各方面能力都还不足，但是父母却可以安排孩子做力所能及的事情。随着孩子不断成长，能力渐渐增强，父母也就可以逐渐地对孩子放手。在此过程中，孩子的自理能力会越来越强。孩子只有先对自己负责，才能对更多的人和事负责。

其次，当孩子犯错误的时候，不要让孩子找借口或者找其他的理由，一旦孩子形成了推卸责任的习惯，那么他们就不会再为自己因为失误或者是其他原因而导致的错误负责。很多孩子都习惯于找借口，他们总是会轻而易举地原谅自己，把责任推卸到他人身上，当他们把逃避责任当成了杀手锏，那么他们在心理上就不会获得长足的发展和成长。最终，这样的孩子会处于一个很尴尬的境地——小事儿做不好，大事儿做不成，最终荒废了一生，却一事无成。

每个人除了对自己负责之外，还要对自己做的事情负起责

任。如果把一切错误都归咎到他人身上，那么孩子渐渐地就会养成推卸责任的坏习惯，根本不可能形成责任感。在教育孩子的过程中，父母要观察孩子的言行举止，及时感受到孩子对于责任的态度，这样才能给予孩子更好的引导和帮助。

最后，要让孩子为自己的错误买单。很多父母一旦发现孩子犯了错误，引起了严重的后果，就会当机立断为孩子承担责任，为孩子买单。其实，这样做对孩子是极其不负责任的。如果孩子每次犯错都不需要负责，而且不需要花费任何力气就能够让结果更加圆满，那么孩子就会因此而养成不负责任的行为习惯，父母这么做反而是害了孩子。每个人都应该为自己的错误承担责任，也要从错误中吸取经验和教训，父母即使很爱孩子，也不可能为孩子负责一辈子，父母不应该放纵孩子的言行举止，更不要放任孩子不负责任的恶劣品行。

周末，皮特要去参加书法等级考试，他非常重视这次考试。在这次考试中，他的目标是通过八级，拿到八级的证书。然而，因为平日里上学都是被六点钟的闹钟叫醒，而考级八点钟出门就赶得及，所以在六点的闹钟响了之后，皮特把闹钟关了接着睡。他认为自己在八点钟之前一定能够醒来，又因为太困倦，在迷迷糊糊、睡意蒙眬之中就没有再定闹铃。然而，他睡醒一觉发现已经十点多了，毫无疑问，他错过了书法等级考试。皮特懊恼不已。

正在这个时候，妈妈打电话来询问皮特书法等级考试的情况，皮特忍不住抱怨妈妈："妈妈，你是怎么回事？知道我今天要参加书法等级考试，你都没有打电话提醒我要按时出门。"听到皮特的话，妈妈丈二和尚摸不着头脑。她问皮特："你迟到了吗？"皮特说："我现在还在被窝里呢！"妈妈不由得懊恼地说："哎呀，都怪我，我应该提醒你一下的。我又怕打电话太多了，你会很心烦，所以就没敢打扰你，我还以为你已经参加完考试了呢！没关系，下次再参加吧。"虽然得到妈妈的安慰，皮特的心情好了一些，但是他深深地知道，如果自己不能从这件事中汲取教训，将来还有可能错过很多重要的事情，毕竟妈妈可不能每次都提醒他呀！

如果妈妈以这样的方法对待年幼的孩子，那么年幼的孩子渐渐地就会形成错误的认知，他们会误认为父母有责任提醒他们做很多事情。幸好皮特已经是初中生了，他能够意识到妈妈只是在安抚她，也知道自己在这件事情中承担的责任。

因为错过了书法等级考试，皮特不能如愿以偿地获得书法八级的证书，这让他汲取了教训。相信以后在遇到重大事情时，他都会提前核实好时间，也会定好闹钟，而不会再因为睡过了头让自己懊悔不已。每个人都要为自己的行为负责，每个人都要为自己的过失买单，即使有父母罩着我们，我们也需要全力以赴去做好更多的事情，这对于帮助我们更好地成长是大有帮助的。

激发孩子的进取心

　　如今已经进入了全民教育焦虑的时代，几乎所有的父母都望子成龙，望女成凤，他们希望孩子能够赢在起跑线上，希望孩子能够从进入校门开始就在学习上出类拔萃，就在所有方面都表现突出。实际上，父母这样急功近利的思想是完全错误的。如果父母只是培养出一个学习的机器，那么孩子就无法符合时代的要求，获得进步和成长。在现代社会中，生活的节奏越来越快，竞争越来越激烈，父母们要想让孩子以强者的姿态伫立于竞争之林，就必须激发孩子的进取心，让孩子坚持进取，这样孩子才会持续地做出更好的表现。

　　遗憾的是，现实生活中，很多父母都不愿意让孩子投入竞争之中，也不想让孩子坚持进取。他们觉得孩子只要按部就班地走好人生之路，实现父母为他们设定好的人生目标就足矣。实际上，父母这样的想法完全是错误的。生活如同逆水行舟，不进则退，虽然父母不曾对孩子提出高的要求，但是当整个时代都在飞速向前发展时，孩子如果停留在原地，就会被远远地甩下。

　　培养孩子的进取心，能够一劳永逸地激发孩子的学习兴趣，使孩子在学习上更加积极主动，也使孩子主动地发掘自身的潜能，做出更好的表现。对于孩子而言，最重要的不是聪明绝顶，也不是天赋异禀，而是能够在成长的道路上坚持做好自己想做的事情，哪怕遇到困难，也能够持之以恒。只有笑到最后的人才是笑得最好的人，对孩子们而言也是如此。只有坚持不懈，孩子才能获得成长和进步，也只有坚持不懈，孩子才能终成大器。

那么，父母要如何做才能激发和培养孩子的进取心呢？一味地让孩子参与竞争，并不能让孩子拥有进取心，必须让孩子发自内心地意识到进取的重要性，孩子才会主动地做到更好。具体来说，父母要做到以下几点：

首先，父母要为孩子树立积极的榜样，营造积极向上的家庭氛围。榜样的力量是无穷的，如果父母本身就是安于现状、不思进取的人，在工作上表现平平，对于生活也没有理想和志向，那么孩子就会受到父母的影响，习惯以被动的姿态应对生活。如果孩子在学习上也出现了疲惫乏力的状态，父母还可以为孩子在班级中寻找榜样，让孩子有一个奋斗的标杆。此外，父母还可以给孩子讲故事，如名人传记等，把名人小时候艰苦生活和不懈追求的故事讲给孩子听，对孩子也会起到潜移默化的积极作用。

其次，要适度期待孩子。很多父母都对孩子怀有过高的期望，孩子必须达到一定的高度，才能让父母满意。如果父母

的期望过高，孩子不管怎么努力都不能达到父母的满意，那么他们就会感到沮丧绝望；如果父母能够适度期望孩子，让孩子在努力之后就能达到父母的小小目标，也得到父母的认可和鼓励，那么孩子就会更加充满动力。孩子是需要获得成就感作为激励的，所以父母对孩子一定要适度期待。

现实生活中，有些父母对孩子的要求非常单一，他们只希望孩子在学习上有出类拔萃的表现，这使得一些孩子虽然是不折不扣的学霸，也考入了名牌大学，但是却变成了"空心人"，觉得人生失去了意义，因而选择逃避人生或者是做出消极的举动。这些不良的情况对孩子而言都是很大的伤害，父母尽管要激发孩子的进取心，却要以合理的方式进行，既让孩子坚持进取，也让孩子多多体验和感受生活的乐趣，这样孩子才会在成长的过程中获得丰富、充实的心灵。

最后，父母自身也要坚持学习。很多父母不思进取，总是认为自己在学习上已经有了很大的进步，所以不愿意在学习上做得更好，不愿意坚持学习。如果父母自己在玩游戏，却要求孩子读书；如果父母自己在看电视，却要求孩子好好学习，那么孩子怎么可能愿意呢？只许州官放火，不许百姓点灯，这在家庭生活中是绝对行不通的。

父母要想让孩子专心致志地完成作业，就不要在孩子身边营造嘈杂的家庭环境，而是要给孩子营造一个安宁的家庭环境。父母如果认为孩子有非常大的潜力，那么父母也要树立很高远的志向。父母的言行举止都会对孩子形成影响，所以作为父母要始终牢记古人所说的，己所不欲，勿施于人。父母只有身为表率，才能让孩子也主动表现得更好。

还有很多方式都能激发孩子的进取心，比如父母可以为孩子寻找一个志同道合的朋友，让孩子与朋友一起互相激励，共同进取；也可以为孩子寻找一个实力相当的竞争对手，竞争对手也会对孩子起到促进和激励的作用；父母还可以为孩子制定目标，让孩子在实现目标之后获得成就感，从而更加积极主动地坚持进取。正如一位伟人所说的，不管是黑猫还是白猫，只要能抓住老鼠的就是好猫。对于孩子而言，不管采取哪种激励的方式，只要能够激发孩子的进取心，就是最好的方式。当父母坚持这个原则，那么不需要吼叫，孩子就会不懈努力。

鼓励孩子勇敢地参与竞争

学校里下发了通知，要举行书法大赛。从小学就练习书法的哲哲在书法方面很有天赋，所以班主任老师推荐哲哲代表班级参加书法大赛。对此，哲哲却感到非常惶恐，他对班主任说："我不行，我不行，我肯定不行！"班主任却说："你行，你行，你肯定行！你比我们班所有人都更行。"在班主任的鼓励下，哲哲还是不能放下心理负担。无奈之下，班主任只

好给哲哲妈妈打电话，告诉哲哲妈妈具体情况，希望哲哲妈妈能够多多鼓励哲哲。

妈妈得知情况之后，大力鼓励哲哲参加这次书法大赛。哲哲说："万一我不能获得好名次，既会让老师感到失望，又会被同学笑话，我可不想这样啊！"妈妈对哲哲说："你可不能这么想呀！你要是这么想的话，那么将来还会有很多的机会让你参与竞争，你却总是退缩，这可怎么行呢！你如果不能把握住这些机会，就是彻底失败；你如果抓住机会积极参与，即使失败了没关系，至少获得了经验。对你来说，经验才是最宝贵的。"

得知哲哲是因为担心不能获得好名次才畏惧比赛，班主任也给哲哲吃了定心丸。班主任对哲哲说："参与就是胜利，重在参与。只要你能够发挥出自己的正常水平就可以了，老师不强求你一定要获得名次。"

在老师和妈妈的鼓励下，哲哲终于鼓起勇气参加了学校的书法大赛，因为做好了最坏的打算，即预先想到自己有可能无法在比赛中获得好名次，哲哲反而放开了自己，表现得非常出色。

很多孩子都会畏惧竞争，这是因为他们担心自己在竞争中不能有出色的表现，也担心自己在竞争中落败会遭到嘲笑。其实对于现代社会的生活而言，竞争是不可或缺的，对于现代人而言，积极地参与竞争也是基本的生存能力。如果哲哲在面对竞争的时候总是选择逃避和畏缩，那么他就永远不能展示自己在书法方面的特长。与此同时，在面对其他竞争的时候，哲哲也会一味退缩，渐渐地形成退缩的坏习惯。

在教养孩子的过程中，父母要让孩子们知道，逃避从来不是解决问题的根本办法，对于任何问题，我们都必须勇敢面对，积极应对，这样才能真正解决问题。

在日常的生活中，父母应该鼓励孩子多多参与竞争。在竞争的过程中，孩子不管能否取得好名次，不管是成功还是失败，都能够获得经验。哪怕遭遇失败，孩子也要吸取教训。孩子只要拥有一颗勇敢的心，只要拥有勇往直前的精神，就能在社会生活中畅行无阻。具体来说，要想鼓励孩子参与竞争，父母就要做到以下几点：

首先，父母要多多鼓励孩子，发掘孩子身上的闪光点，让孩子知道自己的特长所在。很多孩子妄自菲薄，是因为他们很少得到父母的认可和鼓励，所以对自己缺乏信心，而父母的信任和支持恰恰是孩子力量的源泉。

其次，要让孩子保持竞争的意识。很多孩子都不愿意参与竞争，是因为他们不喜欢非要与他人争个胜负输赢。实际上，竞争并不是心思狭隘的表现，而是追求上进的表现，所以在现实的教育中，父母既要引导孩子参与竞争，让孩子保持竞争的意识，又要注意避免孩子过于看重输赢，这样孩子才能以良好的心态积极地参与竞争。

最后，通过竞争，父母要引导孩子学习竞争对手的优点。俗话说，三人行，必有我师。每个人身上都有自己的优点和长处，也有自己的缺点和不足，孩子既要看到自己的缺点和不足，也要积极地学习竞争对手的优点和长处。只有博取百家之长，孩子才能全面发展，快速成长。

每个人在一生之中都必然要面对无数次竞争，竞争不是自私狭隘的表现，也不是不择手段地与他人争强夺胜，而是应该拥有博大的胸怀，凭着自己真正的能力与对方一较高下。竞争并不意味着排他，有的时候我们与对手是竞争的关系，有的时候我们与对手是合作的关系。俗话说，看一个人的底牌，看他的朋友，看一个人的实力，看他的对手。有什么样的竞争对手，往往意味着我们自身的实力是强还是弱，是高还是低。所以父母还要引导孩子经常地审视自己的能力，也以自己实际的能力水平为出发点，在原本的基础上持续地获得进步，这样的良性竞争就会促使孩子成长，也会让孩子的内心越来越强大。

引导孩子迎难而上

如今的孩子不是吃苦太多，而是吃苦太少，这使得他们只要吃一点点小小的苦头，就会忍不住想要放弃。面对孩子这样的行为，父母往往会特别担忧，因为他们害怕孩子在未来成长的过程中面对更多的艰难挫折时会退缩畏惧，实际上，这几乎是必然的。父母只有引导孩子从小知难而上，鼓励孩子，让孩子满怀信心和勇气战胜困难，孩子的内心才会越来越强大。

毋庸置疑，孩子在学习和成长的过程中，总会遇到来自自身或者是外部世界的很多困难和障碍，在这种情况下，孩子采取怎样的态度面对这些困难和障碍，往往决定了孩子将会获得怎样的结果。心理学家经过研究发现，大多数人的先天条件都是相差无几的，之所以有的人能够获得成功，而有的人总是与失败纠缠，最终一事无成，就是因为他们对待困难的态度不同。面对人生，是知难而退，还是迎难而上，这对于人生的未来和结局都至关重要。

作为父母要明确一点，那就是父母即使再爱孩子，也不可能永远陪伴在孩子的身边，更不可能永远为孩子解决各种各样的问题。随着不断成长，孩子终究要离开家，离开父母的庇护，独自面对人生中的种种困境，也独自与人生中的难关搏击。俗话说，父母之爱孩子，则为孩子计深远。明智的父母一定要鼓励孩子勇敢地克服困难，培养孩子坚毅顽强的性格，这样才能从根本上帮助孩子。

很小的时候，豆豆就特别喜欢玩积木，因为积木的形状各异，颜色也很鲜艳。随着渐渐长大，豆豆对积木的热爱与日俱增，经常会有好的创意和令人惊艳的作品。

有一次，爸爸出国回来，给豆豆带来一款最新的积木，非常复杂。豆豆在玩积木的过程中突然懊恼起来，原来他努力了很多次，都不能搭建出理想的完美造型，为此他感到非常沮丧。他甚至生气地把积木全都推倒，大喊大叫道："不玩儿了，不玩儿了！这个积木一点儿都不好玩！"看着豆豆抓狂的样子，爸爸知道豆豆被难住了。

爸爸耐心地劝说豆豆："豆豆，这个积木是不是比你以前玩的难啊？"豆豆点点头。爸爸又问："那么面对困难，我们应该怎么做呢？"豆豆默不作声，不愿意回答爸爸。爸爸说："爸爸知道豆豆是很明白应该如何面对困难的。有一次你去打预防针，因为担心打预防针会很疼，你还想掉眼泪呢！不过你知道每个小朋友都必须打预防针，所以最终你还是含着泪水微笑着打完了预防针。爸爸可真为你骄傲啊！你是一个勇敢的小朋友。豆豆面对打针都能这么勇敢，虽然这次搭建出自己想要的造型很难，但是爸爸相信豆豆应该也能克服的。没关系，爸爸也会帮助你的！"在爸爸耐心的安抚下，豆豆的情绪恢复了平静，他又开始尝试着搭建积木了。

豆豆和爸爸讲述了自己的构思，他一边努力地搭积木，一边在爸爸的提示下把那些松动的地方进行加固。在和爸爸齐心努力之后，豆豆终于搭建出了自己理想的造型，他开心极了。

孩子在放弃挑战困难之后，当再次遇到困难的时候，也往往会忍不住想要逃避。只有经历过这样迎难而上并且最终战胜困难的过程，孩子才能意识到自身的力量是非常强大的，也才能有更加出色的表现。

具体来说，父母要从以下几个方面来帮助孩子增强勇气，引导孩子迎难而上：

首先，父母不要给孩子过多的辅助，而是要让孩子独立进行活动，这是因为孩子只有在独立活动的过程中才会知道自己是有能力战胜各种困难的。在独立面对困难和战胜困难的过程中，孩子的意志力会越来越顽强。如果孩子一有难题，就想到要向父母寻求帮助，也必须依赖父母才能解决难题，那么他们的依赖性就会越来越强。即使父母想帮助孩子，也必须把握合适的时机，不要在孩子刚刚遇到困难的时候就告诉孩子答案，或者代替孩子去做一些事情，而是要引导孩子尝试着独立解决问题。在孩子的确需要外部助力的情况下，再给予孩子帮助，这样孩子的信心和勇气就会越来越强，他们克服困难的决心也会越来越大。

其次，要让孩子明白，做好一件事情是非常有价值和意义的，这能够激发孩子的使命感，让孩子对于做好每件事情都怀有更大的热情。很多孩子做事情都是兴之所至，他们虽然在刚开始做的时候满怀热情，但是坚持不了多久，就会因为沮丧绝望等情绪而导致热情消散，所以无法继续坚持下去。那些真正能够获得成就的孩子都具有很好的专注力，也具有顽强不屈的

毅力，他们做事情有始有终，所以才能最终实现目标。在孩子开始完成一项艰巨的任务之前，父母很有必要帮助孩子明确这项任务的目的，也让孩子知道这项任务的价值和意义所在，这样孩子才能坚持不懈地完成任务。

最后，要鼓励孩子参加各种各样的活动，在不同的活动过程中培养孩子战胜困难的能力。孩子的成长是立体的，并不是片面发展的，如果孩子只坚持在某些方面发展自己的能力，那么他们最终就会因此而呈现出很大的劣势。父母只有坚持全面发展和培养孩子的能力，孩子的综合能力才会越来越强。

例如，孩子既需要进行智力的挑战，也需要进行体力的挑战，孩子既需要培养坚毅果敢的性格，也要拥有顽强的自制力，坚持做好自我管理。唯有如此，孩子们才能越来越坚强，越来越自主。

鼓励孩子直面挫折

在成长的过程中，孩子不可避免地会经历挫折，那么，面对挫折，孩子是一蹶不振，还是越挫越勇，将会决定孩子能否战胜困难。毫无疑问，孩子的心理承受能力是相对比较差的，如果频繁地遭受挫折，他们就会对自己丧失信心。所以父母在教育孩子的过程中，应该对孩子加以引导，这样孩子才能以积

极的心态面对挫折，也才能在战胜挫折之后获得信心。心理学家曾经提出，孩子只有在童年时期不断地经历挫折，也持续地战胜挫折，才能提升挫折的承受力，也才能获得更好的成长。

有一些父母在看到孩子因为不听父母的劝诫，或者没有采纳父母的建议而遭遇挫折和失败的时候，往往会对孩子冷嘲热讽，或者对孩子大吼大叫。也有一些父母会非常关切孩子，在孩子面前小心翼翼，生怕有哪句言语不当就会刺激孩子。其实，这样两种极端的态度都是不正确的。明智的父母为了帮助孩子摆脱因为遭受挫折而失落沮丧的情绪，会和孩子一起直面挫折，会引导孩子分析失败的原因，从失败中汲取经验和教训，这样才能让孩子在下一次遇到相同的情况时，采取更有效的措施解决问题。

现实生活中，偏偏有一些父母本身承受挫折的能力比孩子更差，他们患得患失，过于看重孩子的成败，所以一旦孩子失败了，他们就无法接受，对孩子歇斯底里，这显然会给孩子雪上加霜。越是在生气沮丧的时候，孩子越是需要得到父母的安慰和支持，所以父母一定要对孩子雪中送炭，而不要给孩子雪上加霜。有一些父母还会不假思索地对孩子说出一些恶言恶语，批评和打击孩子，这都会让孩子感到非常沮丧。有些孩子缺乏自我评价能力，那么在看到父母对他们的评价极其低下之后，他们还会彻底放弃努力，陷入自暴自弃的状态之中，这显然是非常糟糕的。

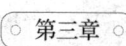

那么，父母如何做才能增强孩子承受挫折的能力并引导孩子直面挫折呢？最重要的是要对孩子进行心理疏导，只要孩子能够发自内心地面对挫折，也能够在挫折的历练之中不断成长，就能变得越来越强大。

面对挫折，如果孩子的情绪非常冲动或者是极其沮丧，父母可以使用转移注意力的方法，引导孩子想一些开心的事情，帮助孩子缓解紧张焦虑的情绪。例如，可以带着孩子离开伤心的环境，或者是让孩子做一些喜欢做的事情，这些举措都能有效分散孩子的注意力，消除孩子的挫败感。

其次，当孩子的内心充满了不良情绪的时候，父母可以给孩子一段时间独处，让孩子恢复冷静。等到孩子的情绪渐渐地恢复平静之后，父母可以提供给孩子合理的方式，帮助孩子发泄负面情绪。人的心就像是一个容器，如果容纳了太多的负面情绪，就不能容纳那些积极的情绪，所以父母可以当孩子最好的听众，让孩子把心中的郁闷宣泄出来。父母也可以成为孩子最好的玩伴，陪伴孩子一起疯狂玩乐，让孩子通过各种方式宣泄负面情绪。父母还可以成为孩子忠实的粉丝，给予孩子鼓励和支持，这样也能够让孩子的内心充满力量。

再次，父母可以向孩子说一说自己的糗事，让孩子知道虽然父母看似无所不能，但实际上也会做出很多糟糕的事情，这样孩子说不定就能转忧为喜，也能对自己更加宽容。有些孩子不愿意调整自己的内心，也不愿意降低对自己的要求，那么父母要引导孩子放弃过于追求完美，也不要对自己太过苛刻，毕竟人无完人。孩子只有更好地对待自己，宽容和谅解自己，才能保持更好的状态。

最后，如果孩子的错误行为导致了非常严重的后果，只靠着自己的力量无法及时补救，那么父母要协助孩子及时补救。补救的方式不一定是代替孩子承担责任，如果孩子有能力承担责任，那么最好让孩子自己承担责任。父母要做的是永远坚定不移地站在孩子身边，引导孩子深入思考问题，理性分析问题，这样孩子才能在解决问题的过程中有更好的表现。

总而言之，人生不如意十之八九，每个人在成长的过程中都会遇到困难，都会遭遇挫折。如果被困难和挫折打败，人就遭遇很多痛苦。只有真正地战胜挫折，在与挫折博弈的过程中勇敢地站立起来，才能体会到征服的乐趣。

第四章

制定规矩，培养孩子的良好行为习惯

在家庭教育中，父母如果想减少与孩子的冲突，避免对孩子大吼大叫，就要给孩子制定规矩，培养孩子良好的行为习惯。很多亲子冲突之所以发生，就是因为孩子不遵守规矩，没有良好的行为习惯导致的。如果孩子不需要父母的叮嘱，就能够把很多事情做好，那么父母对孩子的教育就会水到渠成，也会取得良好的效果。

养成良好的饮食习惯

很多父母都为孩子吃饭的问题而焦头烂额，尤其是孩子挑食、偏食，不愿意好好吃饭，长得就像一颗瘦弱的豆芽菜，妈妈们更会感到心急如焚。很多妈妈们都曾经有过这样的经历，那就是每到饭点，根本都没有办法坐在餐桌前安心吃饭，只能端着一碗饭在孩子的身后追赶。一边追赶，妈妈还会一边气急败坏地冲着孩子大吼大叫："再吃一口，快点再吃一口！还吃不吃了？不吃我就收起来了，你就等着饿肚子吧！"妈妈的吼叫声中充满了怒气，但是她们尽管心不甘，情不愿，却依然只能忠诚地跟在孩子身后，趁着孩子玩耍或者停留的间隙，把满满一勺子饭塞进孩子的嘴里。有的时候，孩子一天三顿饭都需要这样进行，往往会让妈妈感到心力交瘁。

妈妈们也常常感到困惑，她们认为全世界只有自己家的孩子才会如此讨厌吃饭，才会在吃饭的时候这么顽皮淘气。其实妈妈们无须感到孤单，因为全世界上至少一半的孩子都在饮食方面形成了坏习惯，他们不是挑食就是偏食，可能既挑食又偏食，这些不好的饮食习惯将会严重影响孩子的营养吸收，使孩子不能健康茁壮地成长。所以妈妈们即使拼尽全力，也要把孩子喂饱。

面对孩子这样的情况，尤其是在体检的时候发现孩子身高

和体重都滞后于同龄人，妈妈们到底是应该积极地对孩子进行引导教育，使孩子均衡全面地摄入营养，还是应该把所有的力气都用来对孩子吼叫，呵斥孩子必须吃饭呢？相信明智的妈妈会做出正确的选择。

每当发现孩子不喜欢吃某种食物，或者是特别厌恶某种食物的时候，有一些妈妈们就会选择向孩子妥协。她们或者不再为孩子做这种食物，或者寻找替代品给孩子吃，认为只要孩子能够摄入均衡的营养就可以。其实这样的做法是错误的，很容易纵容孩子养成挑食和偏食的坏习惯。明智的妈妈会假装无视孩子对食物的喜好，而是继续做这种食物给孩子吃，也会暗示孩子这种食物是非常美味的，这样反而能够渐渐地纠正孩子挑食和偏食的坏习惯，保证孩子健康成长。

有一些妈妈每当坐在饭桌旁就开始与孩子谈判，如"你必须吃完这些蔬菜，我才给你吃肉""你必须吃完这些水果，我才能让你吃其他食物"。这些谈判的条件只会让孩子对某种蔬菜或者某种水果更加讨厌。其实我们完全可以换一种说法："你必须吃完肉，才能给你吃菠菜"，那么孩子就会认为菠菜是一种非常美味的食物，是作为吃完之后的奖励出现的。他们原本对菠菜丝毫不感兴趣，现在却会对菠菜产生强烈的好奇，也会产生浓郁的兴趣。尤其是在家庭的餐桌上，父母一定不要把饭菜划分等级。有些父母总是会把那些贵的、比较新鲜稀奇的蔬菜给孩子吃，认为这些菜是更好的，而把那些便宜的、应

季的蔬菜放在离孩子较远的地方，长此以往就会影响孩子的饮食偏好。其实，孩子只要吃五谷杂粮，吃各种各样的蔬菜和水果，就能摄入均衡的营养。父母最好不要以自己的饮食习惯影响孩子，而是要把做好的饭菜摆在桌子上，让孩子自主做出选择，说不定在此过程中，孩子反而能形成良好的饮食习惯呢！

那么父母该如何纠正孩子偏食、挑食的坏习惯呢？具体来说，父母要做到以下几点：

首先，父母要激发孩子对某种食物的兴趣。例如，父母可以改变食物的形状或者是颜色，从而让孩子对这种食物产生兴趣。但是父母最好不要改变这种食物的味道，因为如果孩子不能接受这种食物的味道，就不能真正接受这种食物。

其次，父母要以身作则，给孩子树立好榜样。很多父母本身就是既挑食又偏食的，他们在餐桌上挑三拣四，无形中就给孩子造成了负面影响，使孩子认为他们也可以挑剔着吃各种食物。还有的父母喜欢在饭桌上评价食物的味道，如说菠菜的味道有些涩，西兰花的味道非常寡淡，这些评价都会对孩子产生负面影响。还有一些父母不喜欢喝牛奶，就总是在孩子面前说牛奶不好喝，这也会对孩子产生负面影响。

再次，家里负责做饭的人应该努力提高烹饪技术，把饭做得色香味俱全。如果每次做饭都是简单的几样，很少变换，也没有良好的卖相，就会让人看起来毫无胃口。显而易见，孩子不会愿意吃寡淡的菜品。同样的食材，如果换到巧手妈妈或者

巧手爸爸的手中，就可能会让孩子吃个没完没了。尤其是对于孩子不喜欢吃的那些蔬菜，父母就更是要开发新的烹饪方式，从而让孩子从厌恶这些蔬菜到喜欢这些蔬菜。

最后，对于孩子在饮食方面的进步行为，父母要及时夸奖。例如，在父母的表扬之下，孩子吃了一口蔬菜，那么父母要多多鼓励孩子，这样孩子才会有更大的动力坚持再次尝试。当他们的味觉习惯了这种蔬菜的味道，他们就不会觉得这种蔬菜很难吃。虽然我们的目的不是让孩子爱上这种蔬菜，但是只要孩子能够接受这种蔬菜，就已经是很大的进步了。

每个孩子都可能得到父母的认可，所以父母要多多关注孩子的行为，尤其是在孩子改变的时候或者是在孩子有了进步的时候，父母更是要及时表扬孩子，这对于孩子而言是最重要的激励。

养成良好的作息习惯

孩子要想健康成长，除了要摄入均衡的营养之外，还要保证充足的睡眠。父母要帮助孩子养成按时睡觉的好习惯，这样孩子才能获得充足的睡眠，也才能让身体发育得更好。然而，孩子的天性就是活泼好动，大多数孩子除非生病和睡觉的时候，否则每时每刻都充满活力。每当父母让他们睡觉的时候，

他们会想方设法地逃避睡觉，这使得在很多家庭里，每当到了睡觉的时间点，父母就会不停地催促孩子，孩子就会不停地哭喊，甚至还会央求着父母再讲一个故事，或者是要求再多看一集动画片，还有一些孩子会以肚子饿了、口渴了为借口，拖延睡觉的时间，这使得父母到了晚上非常疲惫。因为父母已经特别困倦了，想要早早入睡，在忍不住的情况下，他们就会对孩子大吼大叫，但是孩子却宁愿哭闹不休，也不愿意上床睡觉。由此一来，全家人的睡眠时间都受到影响，不仅如此，孩子也会因为缺乏睡眠而出现体质孱弱的情况。例如，有些孩子虽然吃饭很好，但是却因为睡眠不好而身体瘦弱，还经常生病，这同样会给父母带来很多烦恼。每个父母最大的心愿就是希望孩子健康成长，就是希望孩子身强体壮，那么一定要关注孩子的作息规律，也要努力培养孩子良好的作息习惯。

佳佳是个不折不扣的夜猫子，从很小的时候开始，因为爸爸每天下了晚班回到家里都已经十点钟了，洗漱完已经十一点多了，所以佳佳也睡得非常晚。往往等到爸爸洗漱上床之后，她还会和爸爸玩一会儿呢，渐渐地，佳佳就养成了晚睡晚起的坏习惯。她晚上要十一二点才睡觉，早晨要睡到十点钟前后才会起床，其他的小朋友已经出门晒完太阳，遛完弯回家了，佳佳才睁开惺忪的睡眼，这使她每天早晨都不吃早饭，一天只吃中饭和晚饭，因而她的身体越来越瘦弱，脸色也越来越差，看起来就像营养不良的病秧子。

每当换季，佳佳总是全家人中第一个感冒的。看到佳佳的身体这么差，妈妈非常担心。后来，妈妈意识到佳佳是因为睡眠不足，所以才会出现这样的情况，就经常大吼大叫着命令佳佳上床睡觉。从此家里每当到了晚上，就会陷入鸡飞狗跳的状态之中。佳佳不想睡觉，四处躲闪，妈妈追着佳佳又吼又叫，有的时候还会打骂佳佳。佳佳就算上床了，也依然辗转反侧，央求着爸爸妈妈再给她讲一个故事，或者是再播放一集故事给她听。为了能够哄着佳佳早早入睡，爸爸妈妈只好妥协。刚开始的时候，他们会与佳佳约定好，只能再讲一个故事就睡觉，佳佳也的确能够遵守约定。但是随着爸爸妈妈妥协的次数越来越多，佳佳的要求也越来越多，她会不停地缠着爸爸妈妈讲故事，这使得早睡觉又变成了泡影。

后来，妈妈采纳了好朋友提供的办法，那就是早晨早早地喊佳佳起床，而且中午不让佳佳睡觉，这样佳佳到了晚上就会困倦。但是，喊佳佳起床也是一件很困难的事情，佳佳总是在床上翻来覆去的，躲在被窝里不愿意起来，这使得她一整天都精神倦怠，这到底该怎么办呢？

孩子在童年时期是身体发育的关键时期，要想让孩子健康成长，父母就必须保证孩子能够获得充足的睡眠，这是因为在睡眠的状态中，孩子会分泌出大量的生长激素，这对促进孩子

的成长发育是非常有好处的。此外，孩子如果养成了良好的作息习惯，他们的生活就会更有规律，而且父母也能够得到充足的休息。所以不管从哪个方面来说，父母都要帮助孩子养成良好的作息习惯。具体来说，父母要做到以下几点。

首先，制定规矩，且全家人都要遵守规矩。很多父母只许州官放火，不许百姓点灯，他们自己不愿意早早睡觉，不是在看电视就是在玩游戏，或者是在刷手机，但是却要求孩子准时上床睡觉。这样一来，孩子当然不愿意配合。

为了让孩子按时上床睡觉，父母要统一全家的作息时间，如到了熄灯的时间就统一熄灯。当孩子看到家里黑灯瞎火，他们就会躺在床上，也会很快地睡着。日久天长，他们就能养成按时睡觉的好习惯。

其次，要为孩子准备舒适的床品，也要为孩子营造良好的睡眠环境。在家庭生活中，让孩子睡觉的时候一定要保持周围非常安静，而且要为孩子准备舒适的床上用品，床品上最好带有孩子喜欢的卡通形象。这样一来，孩子就会非常喜欢他们的床品，也会迷恋躺在被窝里的感觉。

需要注意的是，如果和孩子约定讲睡前故事，那么一定要约定时间，或者是规定讲几个故事就睡觉。即使孩子苦苦哀求，也不要轻易改变规矩，否则孩子的欲望是无止境的，他们会不断地增多要求，让父母无从招架。

再次，要想让孩子睡得香，在白天的时候，父母也帮助孩子发泄多余的精力。很多孩子白天宅在家里，不愿意出门，这使得他们精力旺盛，到了晚上睡觉的时候，因为没有消耗完多余的精力，所以他们不愿意睡觉。父母可以在白天的时候带着孩子进行户外运动，当孩子消耗完所有的精力之后，当夜幕降临的时候，他们自然就会感到疲倦，也就愿意乖乖睡觉了。

最后，要让孩子保持愉悦的心情和舒适的状态进入睡眠。很多孩子睡前会吃东西，父母一定要禁止孩子在睡前一小时内吃夜宵，否则孩子会因为吃得太饱而消化不良，或者是会因为喝一些刺激性的饮料而导致过于兴奋。这都不利于孩子拥有香甜的睡眠。此外，在睡前的时候，父母不要让孩子进行剧烈的运动或者是看那些具有刺激性的影视剧或者是动画片、书籍等，更不要因为任何原因而打骂孩子，否则孩子在睡觉的时候就会带着糟糕的心情，导致即使在睡梦中也不能安稳。只有在身心放松的状态下，孩子才能更快乐地入睡，也只有在身心放松的状态下，孩子才能拥有更加香甜的睡眠。

讲卫生的孩子爱洗澡

现实生活中，很多孩子特别喜欢洗澡，这是因为他们喜欢玩水，而且父母也会为他们准备很多洗澡的玩具，想要帮助

他们从小养成爱洗澡的好习惯。但是，也有很多孩子特别不喜欢洗澡，孩子不洗澡会有什么弊端呢？孩子每天都在玩耍，他们的身上和衣服上都会沾染很多细菌，如果不洗澡，不勤换衣服，孩子的身体健康就会受到危害。父母要用心地帮助孩子养成爱洗澡的好习惯，告诉孩子不洗澡的危害，还要告诉孩子洗澡的好处，这样双管齐下，才能让孩子真正爱上洗澡。

在洗澡的时候，为了提升孩子的舒适度，让孩子有良好的体验，父母要为孩子准备合适的洗澡用具，尤其要为孩子准备温度适宜的洗澡水。有些父母本身喜欢洗热水澡，在给孩子准备洗澡水的时候，他们准备的洗澡水往往温度偏高，这会让孩子感到特别不适。这是因为孩子的肌肤非常娇嫩，非常敏感，有的时候对成人而言很合适的温度，对孩子就会显得过高。除此之外，父母还可以给孩子准备一些洗澡的玩具，这样孩子在洗澡的时候就不会觉得无聊了。当然，这些玩具必须选用安全的材质，不能有尖锐的角，否则就会误伤孩子。

有些孩子也许原本非常喜欢洗澡，但却在突然之间变得不爱洗澡，那么父母要寻找孩子不喜欢洗澡的原因。看看孩子孩子是因为感到身体不适，或者是想要做某些事情，不想浪费时间用于洗澡，还是因为其他的原因，才不愿意洗澡的。父母只有找到这背后的原因，才能有的放矢地解决问题。

五岁的晨晨特别不喜欢洗澡，每天晚上妈妈放好洗澡水让

他洗澡的时候，他都又哭又闹，坚决不愿意洗澡，这使妈妈气急败坏，只能冲着他不停地吼叫。有的时候，吼叫也不管用，妈妈就只能动起手来，抓住晨晨，把晨晨的衣服脱掉，然后让晨晨进入浴缸。但是即便如此，晨晨洗澡的时候也极其不配合，他或者一边洗澡一边哭，或者是在洗头的时候不停地扭动身体，妈妈必须很小心才能避免把洗发水的泡沫弄到晨晨的眼睛里。

有一次，晨晨因为扭来扭去，居然在浴室里摔倒了，这让妈妈非常害怕。万一摔伤了，那可怎么办呢？所以每次给晨晨洗澡已经变成了妈妈的噩梦，别说晨晨抵触洗澡，就连妈妈只要想起给晨晨洗澡这件事情，就忍不住精神紧张。

面对孩子不爱洗澡的行为表现，父母一定要找到真正的原因，才能有效改善孩子不愿意洗澡的情况。为了让孩子爱上洗澡，父母要做到以下几点。首先，孩子洗澡的时间不要与他的娱乐时间产生冲突。例如，如果孩子要在晚上六点钟看一集动画片，那么，要把孩子洗澡的时间安排在看完动画片之后；再如，孩子要在晚上六点半的时候出门遛弯，那么可以把孩子洗澡的时间安排在七点半，只要不影响孩子正常休息，洗澡的时间略微延迟也没有关系。

其次，在洗澡的时间到来之前，父母可以先对孩子进行预告，这样能够帮助孩子做好心理准备。如果孩子正玩得兴致

勃勃，爸爸妈妈突然揪着孩子去浴室洗澡，孩子一定会非常抵触。如果爸爸妈妈能够在洗澡之前提前几分钟告诉孩子一会儿就要洗澡了，或者是定五分钟的闹铃，对孩子说"五分钟之后闹铃响了，咱们就去洗澡"或者是"等你看完这集动画片，我们就该洗澡了"，就会让孩子有心理准备。在这种情况下，父母再让孩子去洗澡，孩子就不会那么抵触了。

再次，在洗澡的时候，父母一定要速战速决，不要拖延洗澡的时间。孩子们的专注力是有限的，他们能够保持配合的时间也是有限的。有些父母丢三落四，在给孩子洗澡之前不是忘记拿这个东西，就是忘记准备那个东西，还没有开始洗澡呢，孩子的耐心就已经耗尽了。为了节省时间，父母可以在洗澡之前就准备好所有的东西，这样在孩子感到厌烦的时候，父母已经成功地帮助孩子洗完澡了。

最后，让洗澡变成一件快乐的事情。很多孩子都喜欢玩水和沙子，玩沙子需要去海边玩，玩水在每天洗澡的时候都可以玩。有些父母在给孩子洗澡的时候特别没有耐心，他们把孩子当成一个物件去洗，这必然招致孩子的反抗。父母只有给予孩子温柔的对待，也对孩子付出足够的耐心，孩子才会感受到洗澡的乐趣。例如，在洗澡的时候，父母可以和孩子之间进行一些互动，和孩子聊一聊白天在学校里开心的事情，或者是和孩子玩玩玩具，还可以和孩子互相帮忙搓搓后背，这些互动的活动让孩子积极地参与，会使孩子感觉到洗澡的时间过得飞快。

当洗澡变成一件快乐的事情，孩子还会抗拒洗澡吗？说不定每天晚上孩子都会主动提出要和爸爸妈妈一起洗澡呢！这样一来，爸爸妈妈就再也不用强求孩子洗澡了。

勤刷牙，保护牙齿健康

大概在两岁前后，孩子的牙齿就已经长齐了。在这个阶段里，孩子应该开始学习刷牙了。孩子要想保持口腔的干净卫生，必须养成刷牙的好习惯，勤刷牙能够有效预防口腔疾病，所以父母们要及时给孩子制定关于刷牙的规矩，并且要教会孩子正确的刷牙方法。有些孩子刷牙敷衍了事，日久天长牙齿就会受到损害。一旦发生龋齿等情况，就会给孩子带来很大的身心痛苦，所以父母们切勿轻视孩子牙齿的问题，而是要对孩子的牙齿健康引起足够的重视。

传统观念下很多老人对牙齿健康不够重视，很多年轻的妈妈也受到世俗观念的负面影响，认为孩子的乳牙即使坏了也没关系，毕竟孩子还要经历一次换牙。在这种错误思想的影响下，她们也就对孩子是否刷牙持有无所谓的态度。实际上，如果孩子的乳牙受到伤害，就会影响孩子恒牙的长出。有些孩子的乳牙几乎全坏了，那么孩子不但要承受治疗的痛苦，将来恒牙的质量也会大打折扣，所以父母一定要关注孩子的牙齿问

题，也要督促孩子认真刷牙，从而保证孩子的牙齿健康。

　　今天晚上已经快要睡觉了，闹闹突然哭闹不休。原本，妈妈以为闹闹又在玩花样不想睡觉，却没想到闹闹捂着嘴巴哭得喘不上气来，还说嘴巴特别疼。妈妈想看看闹闹嘴巴里的情况，闹闹却捂着嘴巴不放开。妈妈看到闹闹疼得满头大汗，只好和爸爸带着闹闹紧急去往医院看急诊。医生经过一番检查发现，闹闹的急性牙髓炎发作了，这可是非常疼的。爸爸妈妈都不知道闹闹为何会出现这样的病症，医生经过检查之后，确定闹闹的八颗大牙全部都生了龋齿，而且已经出现了很大的洞。爸爸妈妈震惊极了，妈妈更是说："一年多之前，我才带他看过牙呢！当时，医生说他牙上的黑色是色素沉着，并不是坏了。"

　　医生说："孩子每三到六个月就要检查一次牙齿，你这已经是一年多之前的事情了。孩子的牙齿可不像成人的牙齿坏得那么慢，他们的牙齿坏的速度是非常快的。一年多，大牙全都患上了龋齿，这可不是什么稀奇的事情！"

　　医生还通过爸爸妈妈了解了闹闹刷牙的情况。原来，闹闹从来不喜欢刷牙，每天晚上刷牙的时候，如果爸爸妈妈在旁边守着他，他就会刷得稍微认真一点；如果爸爸妈妈不在一旁守着他，他甚至会撒谎说自己已经刷过牙了。有的时候妈妈知道闹闹没刷牙，督促闹闹刷牙，却遭到闹闹的抗拒，妈妈也就不了了之了。

医生在检查的时候清理了闹闹的牙洞和牙缝，发现闹闹的牙缝牙洞里都塞满了各种食物残渣，这些食物残渣显然不是刚刚才塞进去的，已经开始散发出很难闻的臭味了。医生很严肃地批评了爸爸妈妈，说："孩子之所以出现这么严重的龋齿，与你们对他的纵容不无关系。你们父母做不到位，孩子才会承受这么大的痛苦。如果你们重视孩子的牙齿，督促孩子认真刷牙，帮助孩子养成刷牙的好习惯，孩子的牙齿就不会坏成这样。"

闹闹的八颗大牙都生了严重的龋齿，其中有三颗大牙都需要做根管治疗。每个牙齿进行根管治疗都需要分三次进行，因而在整整两三个月的时间里，爸爸妈妈一直在带着闹闹跑医院。妈妈感到心力交瘁，懊悔地说："都怪我们不重视孩子的牙齿，让孩子遭了大罪，我们也跟着遭了大罪。"

孩子之所以会生龋齿，与父母不重视孩子的口腔卫生是密切相关的。很多父母即使发现孩子晚上吃东西，也不会对孩子加以制止，更不会督促孩子在吃完东西之后刷牙。有些孩子等到躺在床上之后，还会在睡前喝奶呢！父母们看到孩子胃口很好，总是感到非常高兴，认为孩子只要吃好喝好就能够健康成长。实际上，他们忽略了牙齿对于孩子健康成长的重要性。

为了帮助孩子养成勤刷牙的好习惯，保证孩子的口腔健康，父母一定要为孩子制定规矩，也要严格督促孩子刷牙。如果孩子反感刷牙，父母的规矩执行起来是有很大难度的，所以

父母要开动脑筋引导孩子爱上刷牙，这样孩子才能积极主动地刷牙。具体来说，父母要做到以下几个方面：

首先，全家总动员设立刷牙时间。全家人一起刷牙，比比谁把牙齿刷得更白，这样的方式会让孩子更乐于刷牙。大多数孩子都喜欢和爸爸妈妈一起做一些事情，也喜欢和爸爸妈妈展开竞争，这恰恰迎合了孩子的心理，也使刷牙这件事情变得更加有趣。

其次，及早重视孩子的口腔健康。其实，孩子在一岁前后就已经长出了几颗牙齿，在这个阶段，妈妈就应该开始训练孩子漱口。孩子漱口虽然不像刷牙那样能够深入地清洁牙齿，但是能冲走口腔里的很多食物残渣。比起不漱口的孩子，坚持漱口的孩子的口腔卫生情况会更好。训练孩子漱口还有一个重要的作用，那就是让孩子知道把水含在嘴里，漱完之后再吐出来，这其实是在为教会孩子刷牙做准备，可以有效避免孩子吞咽牙膏。

再次，孩子的模仿能力是很强的。每天，当爸爸妈妈刷牙的时候，可以让孩子也拿着小牙刷学习刷牙。虽然孩子还不能够很好地控制手部动作，但是他们会渐渐地形成刷牙的意识。如今，有适合婴儿用的硅胶牙刷，这个牙刷并不会刺伤孩子娇嫩的牙龈，而且会有一个安全的设计，可以避免孩子把牙刷深入口腔深处。这样一来，父母就可以放心地让孩子使用这个牙刷在自己的口腔中左刷刷右刷刷，长此以往，孩子还会觉得很有趣呢！

在孩子掌握了刷牙的动作之后，妈妈们就可以教孩子刷牙的方法了。需要注意的是，妈妈们首先自己要学习正确的刷牙方法，然后再教孩子。有些妈妈自己的刷牙方法就是错误的，她们总是横向刷牙，这样是很伤牙龈的。正确的刷牙方法是上下刷，这样能够有效保护牙龈。每次刷牙都应该把时间控制在三到五分钟。有些爸爸妈妈刷牙敷衍了事，只用不到一分钟的时间就结束刷牙，这会让孩子觉得刷牙就应该刷这么长时间。哪怕是为了给孩子做榜样，父母们也要保证刷牙时间达到三分钟以上，而且对于牙齿的每一个面都要刷15次以上，这样才能保证牙齿的健康清洁。

最后，如果孩子非常排斥刷牙，也不愿意刷牙，那么父母们可以采取一些措施增强刷牙的乐趣。例如，父母可以和孩子开展竞赛，看看谁刷牙更快，或者给孩子买一些有趣的牙刷，还可以为孩子准备带有特别香味的牙膏。这些小小的细节都能够让孩子对刷牙从排斥抗拒到积极主动。需要注意的是，如果孩子年纪比较小，不会吐出牙膏，那么父母要为孩子准备无氟牙膏。当孩子长大了能够吐出牙膏的时候，父母再让孩子使用含氟的牙膏，这样对于预防龋齿会有更好的效果。

牙好，吃嘛嘛香。的确，虽然我们往往会忽略牙齿，就像忽略空气一样，但是一旦牙齿发生问题，我们就会意识到牙齿的重要性。既然有了这样的意识，我们无须非要等到牙齿出

了大问题的时候再去管理牙齿，而是要防患于未然。在西方国家，牙医是一个非常受欢迎的职业，每个人都有自己固定的牙医。但是在中国，也许是因为传统观念的影响，所以大家往往会忽略牙齿。应该从父母开始关注牙齿健康，这样才能够让孩子的口腔保持健康，也才能够让孩子以好牙口摄入充足均衡的营养。

教会孩子爱护视力

　　小美即将要进行入幼儿园前的例行体检，妈妈对此毫不担心，她认为小美的身体非常健康，不会有任何问题。然而，在进行检查的时候，小美却被要求进入到隔壁检查室对视力进行进一步的检查。这让妈妈的心突然悬了起来：难道小美的视力有问题吗？看到隔壁的检查室门口，很多家长正带着孩子排队等待检查呢，妈妈又放心下来：总不至于这么多孩子都有问题吧，可能只是为了检查得更准确一些。

　　终于等到小美啦，妈妈带着小美走进检查室，医生经过检查之后对妈妈说："这个孩子有近视的倾向，要特别注意用眼卫生。"医生话音还没落呢，妈妈放下来的心又悬了起来，她惊恐地问："近视倾向是什么意思？会得近视吗？这么小的孩子可千万不要近视眼呀！"

医生说:"会不会得近视,其实是由你们家长决定的。有些家长总是给孩子看电子产品,孩子不近视才怪呢!如果宁愿让孩子宅在家里看电子产品,也不愿意带着孩子进行户外活动,这样一来,孩子的眼睛得不到休息,长期处于疲惫的状态,近视是必然的。"

得到了这个警示,回到家里之后,妈妈当即控制小美看电视的时间。原本小美特别喜欢看动画片,能坐在电视机前整整半天的时间都不动窝,但是现在妈妈规定小美每次只能看半个小时,而且每天只能看一次电视。听到妈妈这么说,小美感到非常伤心,半个小时时间转眼就到了,小美还没看过瘾呢,妈妈就来关电视了。小美阻止妈妈,妈妈忍不住大吼大叫地批评小美:"难道你想一辈子都戴眼镜吗?难道你想变成一个丑八怪吗?"小美从没见过妈妈这么歇斯底里的样子,吓得呜呜大哭起来。

很多孩子在入园体检中都被检查出来有近视的倾向,这让原本对用眼卫生不太重视的父母非常紧张。他们这才意识到当初为了自己安宁,就把电子设备扔给孩子,让孩子随意观看,在无限度观看电子产品的过程中,造成孩子的视力急剧下降。

尤其是在进入初中阶段之后,班级里不戴眼镜的孩子少之又少。父母一定要关注孩子的用眼卫生,教会孩子爱护视力。眼睛是心灵的窗口,如果戴上了眼镜,就会遮挡住孩子漂亮的

眼睛，也会影响孩子正常的生活。与其等到孩子近视之后才追悔莫及，不如提早预防，让孩子坚持良好的习惯，这样孩子才会心明眼亮，快乐成长。

生活中每时每刻都需要用到眼睛，如看书、学习、行走等。一个人如果失去了健康的视力，生活中就会有诸多不便。为了让孩子避免近视，父母应给孩子做出明确的规定，禁止孩子做出不健康的用眼行为。例如，长时间上网，玩ipad，看手机，或者躺在床上以不正确的姿势看书，或者边走边看书等，这些行为都会损害视力。还有一些孩子在学习的过程中非常投入，不知不觉间就把眼睛贴近了书本，又或者因为父母没有为他们准备光线充足的台灯，所以他们的眼睛长期处于疲惫紧张的状态，这都是近视发生的诱因。

父母还要坚持定期带孩子进行视力检查，如果孩子被确诊为假性近视，那么经过一段时间的调节，视力还是有可能恢复的；如果孩子被确诊为真性近视，那么视力就很难再恢复正常。对于孩子而言，一旦被诊确诊为真性近视，在未来的时间里都需要戴眼镜，虽然现在有一些技术手段自称可以治愈近视，帮助人们恢复正常视力，实际上这类手术对于眼球的伤害是特别大的。

父母既要坚持帮助孩子爱护视力，也要培养孩子爱护视力的好习惯，具体来说，需要从以下几个方面来配合孩子：

首先，不管经济条件如何，父母都要为孩子买一盏合格的台灯。很多台灯虽然价格便宜，但是质量不过关，往往导致孩子在写作业或者看书的过程中视力疲惫。当然，过强的光线也是不好的，因而父母最好选购品牌企业生产的护眼台灯。

其次，现在，大多数学校里都会让孩子做眼保健操，其实一天只做一到两次的眼保健操是不够的。父母可以在孩子放学回到家里之后，督促孩子在晚上再做一次眼保健操，从而帮助眼部的肌肉放松，起到缓解视力疲劳的作用。

再次，也是最重要的一点，现代社会生活的压力很大，学习和工作的压力同样很大，很多父母都希望孩子在学习上有出色的表现，因而盯着孩子，要求孩子每时每刻都要学习，然而孩子可不是学习的机器，尤其是在成长发育的重要阶段，过度用眼孩子的视力是很容易受损的。要想让孩子恢复眼部的疲劳状态，父母最好带着孩子进行户外运动。在进行户外运动的时候，孩子的视野非常开阔，他们会进行远眺，能够帮助眼部肌肉得到完全放松。有专门的调查机构经过调查发现，视力正常的孩子每周进行户外活动的时间比近视的孩子要多3.7个小时以上。这也就意味着，每增加一个小时户外活动的时间，就能降低2%患近视的概率，这是一个非常可观的数字。当然，迫于紧张的学业压力，很多父母会选择让孩子伏案疾书，埋头苦学。父母要知道，对于孩子而言，学习是一项需要长期坚持、不断积累才能有所收获的事情。如果为此而牺牲了孩子的眼睛，那么孩子的生活就会非常痛苦，所以父母不要只盯着孩子的学

习，也要提醒孩子进行户外运动，或者陪着孩子一起进行户外运动，这样既能够强壮孩子的身体，让孩子多多晒太阳，减少抑郁情绪，也能够预防近视，可谓一举数得。此外，孩子的天性就是爱玩，鼓励孩子进行户外运动符合孩子的天性，父母更应该坚持去做。

最后，不管孩子是在看书、学习还是在玩各种电子产品，父母都要提醒孩子保持正确的姿势。很多孩子因为学习疲惫或者是因为懒惰，在保持正确的姿势没多久之后就会让姿势扭曲，这不仅会对孩子的视力造成伤害，有些孩子还因此而患上了脊柱侧弯，给自己造成了很大的痛苦。如今市面上有很多姿矫正器，可以帮助孩子保持良好的坐姿，在必要的时候，父母可以给孩子提供这样的帮助。

视力将会伴随孩子的一生，不管孩子是年幼还是年老，也不管孩子是成功还是失败，他们都需要用眼睛来观察这个世界，获取很多的信息。所以保护孩子的眼睛就是保护孩子的心灵，保护孩子的眼睛也就是保护孩子的未来。

第五章

放手孩子,帮助孩子走向自理自立

孩子越是自立自强,就越不会依赖父母,这样的孩子在与父母相处的过程中也会有更少的矛盾和摩擦。父母培养孩子的终极目的就是希望孩子能够走向独立,要想实现这一点,父母就要对孩子放手,给孩子更多的机会锻炼各个方面的能力,这样孩子才能有更好的成长表现。

不要凡事都替代孩子

前些年网络上流传着几个新闻，意思是说，孩子在上了大学之后，因为不会铺床而只能坐在铺板上一夜，开始吃食堂却因为从没见过带壳的鸡蛋，不知道鸡蛋应该怎么吃。虽然这样的新闻听起来让人感到匪夷所思，但是这样的事情却并非没有可能发生。孩子之所以成长为这样的生活无能者，终究离不开父母对孩子的骄纵和宠溺。

现实生活中，很多父母对孩子都非常强势，而且照顾得面面俱到、无微不至。他们总是代替孩子去做很多事情，即使对于孩子力所能及的事情，他们也不愿意放手让孩子去做。父母对孩子唯一的要求就是希望孩子能够好好学习，只要取得更高的成绩，就能够解决所有的问题。不得不说，这是父母在教育孩子的过程中存在的误区，源于父母错误的教育观念。

父母凡事都代替孩子，或者在孩子犯了错误之后为孩子解决问题，并不能让孩子的能力得到提升。当孩子再次遇到相同的问题时，依然不知道应该怎么处理；当孩子再次陷入相同的困境时，依然需要父母出面才能解决问题。这样一来，父母的爱最终会让孩子变成牺牲品。正如一位名人曾说过的，溺爱是对孩子最大的伤害，所以父母一定要更理性地、适度地爱孩子。

曾经有一家调查机构针对我国的高中生进行调查，发现

在高中生中，有差不多一半的孩子从来不会做家务。他们不扫地，不倒垃圾，起床之后不会叠自己的被子，不会为自己洗衣服，更不会为父母分担家务。所有的高中生都没有过做饭的经历，他们长了十几年，只会吃现成的。每次吃水果的时候，也需要父母切好了，削成小块，插上牙签递给他们。更让人难以置信的是，有一些高中生还需要父母帮助他们整理书包！

难道这不是幼儿园小孩儿才有的自理水平吗？正是因为有太多的父母就像保姆一样无微不至地照顾孩子，所以孩子的自理能力才没有机会发展。等到孩子长大成人之后，孩子依然不能照顾自己的生活，父母却已经渐渐老去。这个时候，孩子不得不面对残酷的现实生活，又会在疲惫无力的状态下对自己产生怀疑和否定的心态。在这种情况下，如果父母还需要孩子去照顾，那么孩子就会手足无措。

温室里是长不出参天大树的，不管是一株小草还是一朵花，还是一棵大树，都需要在野外接受风雨的历练，才能茁壮长大。父母即使很爱孩子，也不可能包办孩子的一生，孩子终究会长大，离开父母的庇护，走到属于自己的人生天地之中。他们必须独立地学习，独立地生活，独立面对工作上各种各样的难题，才能取得更好的成绩，才能走上更宽阔的人生舞台。

明智的父母爱孩子，会为孩子考虑得更为长远，将始终牢记养育孩子的初心，那就是让孩子成为独立自强的人。所以，

他们不会总是为孩子代劳。每当父母代替孩子解决了一件事情，孩子在社会中的竞争力就会减弱一分。作为父母，一定要及时对孩子放手，即使孩子的能力有限，父母也可以让孩子做力所能及的事情。孩子只有得到更多的机会锻炼各个方面的能力，才会茁壮成长，才会变得更加坚强独立。

还有一些父母嫌弃孩子做事情做得不好，他们代替孩子并不是为了照顾孩子，而是想要节省时间和精力。父母这么做只能说是目光短浅、舍本逐末。父母只有花费更多的时间和精力，教会孩子如何处理好问题，才能一劳永逸。从这个意义上来说，父母不管出于怎样的目的，都要让孩子亲身体验各种各样的事情，也要让孩子亲自动手解决生活的基本需求。

告诉孩子：自己的事情自己做

在西方的很多国家里，孩子年满18周岁之后，父母就不会再给孩子提供经济上的援助，这意味着孩子必须自己养活自己。但是在中国很多孩子哪怕已经28岁且结婚成家了，也依然需要依靠父母生活。此时，已经退休的父母不但要为他们出钱，还要为他们出力，给他们带孩子，照顾孩子的饮食起居。和西方国家的父母相比，仅从表面来看，中国的父母似乎有更强烈的责任感，对孩子尽到了更多的义务，其实从长远来看，这么做恰恰是害了孩子。

如果父母始终包办孩子的一切,从来不给孩子机会去锻炼,也剥夺了孩子自己做事情的权利,那么渐渐地,孩子就会成为一个"巨婴"。他们的身体在成长,他们的年龄在增加,但实际上,他们各方面的能力都处于停滞的状态。有些孩子因为被父母溺爱得太久,甚至还会出现能力退化的现象。

因为父母过度的爱,有些孩子虽然在学习上表现得出类拔萃,但是在生活上却是不折不扣的低能儿。记得曾经有一个神童,13岁就考上了大学,17岁就进入研究所硕博连读,但是他在生活方面的能力却是极其低下的。他在读高中的时候,还需要妈妈喂饭给他吃;即使已经进入大学,开始了大学生活,还需要妈妈陪着他一起读大学。这并不是因为这个神童天生就非常懒惰,而是因为妈妈要求他要把所有的时间和精力都用来学习。这个强势的妈妈甚至不允许他和同学交往。正是在妈妈这样令人窒息的管教之下,神童才会成为生活上的低能儿。他不但没有独立生活的能力,与人交往的能力也特别差。虽然他在学习方面的能力很强,但是他没有办法真正地融入大学生活,甚至连天热了减衣服,天冷了增加衣服都不能独立进行。

面对这样的孩子,父母能抱怨谁呢?父母只能抱怨自己。每一个孩子降临人世的时候都像一张白纸,他们先天的条件相差无几,之所以每个人都走上了不同的命运道路,很大程度上是因为他们在后天成长的过程中得到了父母不同的对待。

在家庭教育中，父母越是勤快，孩子就越是懒惰，父母越是懒惰，孩子反而越勤快，所以我们要当有智慧的懒惰的父母，而不要当盲目爱孩子的勤劳的父母。有些懒惰的父母虽然在最初以懒的方式对待孩子的时候引起了孩子的强烈不满，尤其是当孩子看到身边的同学和朋友都得到父母无微不至的照顾时，他们更是会抱怨自己的父母太懒。等到有一天，他们渐渐长大，就会理解父母的用心良苦，就会感谢父母的懒惰造就了他们的独立和自强。

孩子在两岁前后自我意识越来越强，他们把自己与外部世界区别开来，具有更强的自主意识。在这个阶段里，他们非常明显的一个表现就是凡事都喜欢自己干，并不想依赖父母的帮助。孩子从这么小就表现出了强烈的独立愿望，父母要做的是抓住这个关键时期，对孩子因势利导，培养孩子的独立能力。偏偏大多数父母都禁止孩子做各种各样的事情，使孩子的自理能力得不到发展，也使孩子必须依附于父母。

那么，如何做才能培养孩子"自己的事情自己做"这个好习惯呢？

首先，父母要对孩子提出要求，让孩子做自己力所能及的事情。之所以说是力所能及的事情，是因为孩子在不同的年龄阶段，能力水平是不同的。例如，一岁的孩子只能把自己弄脏的尿不湿扔到垃圾桶里；三岁左右的孩子可以自己穿脱衣服，还可以独立洗手洗脸；五岁的孩子可以为爸爸妈妈做一些服务性质的事情。随着孩子不断成长，他们的能力也在增强，所以父母要与时俱进地陪伴孩子成长，根据孩子所处的不同年龄阶段引导孩子做力所能及的事情，这样孩子才能尽早地走向独立。

其次，父母要教会孩子做力所不能及的事情。虽然孩子对于自己力所能及的事情做起来很轻松，但是孩子能力的成长恰恰在于他们做力所不能及的事情的过程中，没有谁天生就会做所有的事情，孩子只有亲身体验才能获得经验，才能获得成长。孩子在成长的过程中总是会经历很多第一次，例如他们第一次独立吃饭，第一次独立睡觉，第一次独立洗澡，第一次独立出门。在成人的眼中，这些事情都是理所当然的，但是对于成长过程中的孩子而言，独立去做这些事情能够培养他们的独立意识，也能够提升他们各个方面的能力，让他们勇敢地迈出第一步。当孩子做力所不能及的事情时，父母一定要给予孩子积极的鼓励，而不要禁止孩子，更不要打击孩子的积极性。

再次，父母要支持孩子做想做的事情。对于孩子想做的事情，很多父母常常表示否定，还会禁止孩子去做，这是因为他们认为孩子还小，没有能力决定自己应该做什么。有些孩子即使出于兴趣想要做一些事情，父母也不会给予支持，这会让孩子感到非常沮丧。明智的父母知道兴趣是最好的老师，所以当孩子想做一些事情的时候，只要这些事情不会对孩子的安全造成影响，那么父母就应对孩子大力支持。这会让孩子受到鼓舞，也会让孩子更加充满动力。当然，如果孩子要做危险的事

情,那么父母必须对孩子加以保护,或者教会孩子保护自己的方式方法。有的时候,父母还可以和孩子一起冒险,这都是支持孩子的好方式。

最后,督促孩子做能做的事情。孩子在刚开始做事情的时候,也许会非常兴奋,这是因为他们刚刚见证自己的能力,所以会对每件事都满怀兴趣。但是培养孩子独立的性格需要漫长的过程,如果孩子在坚持做能做的事情的过程中,热情渐渐地耗尽,兴趣也渐渐地消退,那么他们就会因为做事情需要付出时间精力,或者是要面临很多的难题而产生退缩心理。在这种情况下,父母要对孩子加强引导,鼓励孩子坚持不懈。只有这样,孩子才能经过反复地练习和强化,最终养成好习惯。

成长从来不是一蹴而就的。父母要把陪伴孩子成长当成自己毕生最伟大的事业,也要做好足够的心理准备,陪伴孩子走过这个过程。

引导孩子独立解决问题

随着孩子的出生,很多人都自然而然地升级为父母,但是这并不意味着每个人都能成为合格且优秀的父母。关于教育的规律,很多父母都并不了解,这使得他们在养育孩子的过程中常常会进入一些误区。其实,教育孩子是一项非常伟大的事业。很多工作都有岗前培训，当父母却并没有岗前培训，这就注定了父母们在教养孩子的过程中要始终坚持学习，要和孩子一起努力成长。

遗憾的是，现实生活中，很多父母都会对孩子居高临下，颐指气使。他们认为自己既然养育了孩子，就有权力决定孩子的一切，这样的心态使得父母与孩子处于对立关系之中。有些父母动辄对孩子大喊大叫，或者是对孩子代替包办，这些行为都剥夺了孩子成长的权利。前文我们说过，要想培养孩子的能力，让孩子更加自立，就要学会对孩子放手，这样孩子才能在做各种事情的过程中发展独立能力、动手能力，也才能渐渐地提升自己解决问题的能力。与此同时，孩子还会形成责任感，拥有自信心。

父母要想为孩子考虑深远，培养孩子重要的能力，就要引导孩子独立解决问题。不可否认的是，每个人在生命的历程中都会遇到各种各样的问题，对于孩子而言，他们同样也会遭遇各种坎坷挫折，也需要解决形形色色的难题。所以父母不要动辄就为孩子解决难题。以完成作业为例，很多父母看到孩子在写作业的过程中遇到难题，马上就会告诉孩子答案，长此以往，孩子只要遇到难题，就会来找父母问答案，而不会积极地独立思考。时间长了，孩子的头脑就会像机器一样生锈了，惰性也使得他们不愿意再开动脑筋思考问题。所以父母要从小培养孩子勤于思考、独立解决问题的能力，这样孩子才能越来越独立，也才能获得良好的发展和成长。

依依才一岁，正在学习走路。每天，她都会蹒跚而行。她对走路怀有极大的热情。但是有的时候，她甚至控制不住自己。她不满足于走路的速度，还想跑起来。因为走得太快，她常常摔倒。和大多数爸爸妈妈看到孩子摔倒之后马上就上前扶起孩子不同，依依的爸爸妈妈每次看到依依摔倒，总是站在不远的地方看着依依。如果确定依依没有危险，他们就会让依依自己爬起来。

上小学之后，依依在学习上经常会遇到困难。有一次，依依遇到了难题，她不会做，就把难题放在那里，等着爸爸妈妈回来为她解答。爸爸妈妈下班回家之后，对依依说："依依，你必须独立解决难题，否则爸爸妈妈出差了，你又要如何做作业呢？"看到爸爸妈妈拒绝告诉自己答案，依依感到很沮丧。妈妈语重心长地对依依说："依依，其实这道题并不难，妈妈希望你认真仔细地看题目，进行深入的思考。也许你只是在某一个环节被卡住了，只要你坚持思考，就会豁然开朗，这是很重要的。"

在妈妈的引导下，依依把题目的已知条件全都罗列出来，又进行了思考，最终成功地解答了问题。看到依依这么努力，这么勤奋，爸爸妈妈感到欣慰极了。

在成长的过程中，孩子会遇到各种各样的难题。他们一旦对父母形成依赖性，不管遇到怎样的问题，都想不假思索地向父母寻求帮助，或者留给父母解决。那么他们的思维就会越来越懒惰，在成长方面的表现也会变得糟糕。

要想具有更强的解决问题的能力，就必须拥有自信。在依赖父母的过程中，孩子的信心会减弱，所以明智的父母不会代替孩子做很多事情，而是会给予孩子更多的引导和帮助。虽然孩子最初独立解决问题的时候会遇到很多困难，但是随着不断成长，随着能力提高，他们解决问题的能力会越来越强。这样一来，他们就会渐渐地形成自信。

现代社会中，太多的孩子都形成了依赖父母的坏习惯，这使得他们独立生存的能力很差，在面对难题的时候更是会手足无措。越是在孩子遇到挫折和失败的时候，父母越是要加强对孩子的引导和教育。

尤其需要注意的是，有些孩子在刚开始做一些事情的时候，可能会出现手忙脚乱的情况，也不能做到让自己或父母满意。在这种情况下，父母不要一味地指责孩子，更不要认为孩子在这些方面的表现永远不可能得到提升。父母要有信心，要知道孩子的成长需要一个过程，更需要父母耐心的陪伴和引导，所以父母要给予孩子更多的时间，让孩子坚持思考，坚持探索，这样孩子才能渐渐变得强大。

每个父母都不可能陪伴孩子一辈子，更不可能每时每刻都

保护孩子。父母与其给孩子提供面面俱到的照顾，代替孩子解决一切难题，为孩子扫清成长的所有障碍，不如引导孩子渐渐地形成更强的能力，使孩子在面对任何问题的时候都能有效地解决，这才是最重要的。

鼓励孩子积极地尝试

也许是因为害怕孩子受到伤害，也许是因为担心孩子会给自己惹来不必要的麻烦，所以很多父母在教养孩子的过程中，每当看到孩子表现出极强的好奇心和探索欲，总要尝试新鲜事物，甚至不顾危险要去做一些事情的时候，就会严厉地禁止孩子。父母这么做，对于孩子的成长和发展并无好处。这是因为父母并没有意识到孩子每时每刻都处于发展的过程中，也不知道孩子只有坚持自主尝试，才能更快速地成长。

明智的父母知道，面对孩子的坚持尝试，父母应该给予孩子以强大的支持。当孩子面对危险的时候，父母要保护孩子，或者提醒孩子避开危险。当孩子面对困境的时候，父母要引导孩子把很多不利因素转化为有利因素，这样孩子才能在不断尝试的基础上犯一些错误，在坚持完善的过程中获得进步和成长。

坚持尝试有很多好处。在此过程中，孩子的思维会得到发展，他们的思路将会得以拓宽，这有助于孩子们进行创新性思维。他们还会因为创造而获得更多的快乐。不管是思考出解决问题的好方法,还是在积极尝试的过程中找到解决问题的新方法,孩子都会获得自信,也能够感受到成功的喜悦。因而父母一定不要为了保护孩子,就让孩子故步自封,就让孩子草木皆兵。父母唯有充满信心地鼓励孩子,才能给予孩子更大的勇气。很多孩子看似在冒险。实际上他们是在尝试着成长。有些孩子因为过于胆小而不敢尝试,那么父母应该鼓励孩子积极地进行尝试,告诉孩子很多事情只有亲自去做,才会知道结果如何,从而培养孩子勇于尝试的精神。

阿明一直和父母生活在大城市。每到暑假,他就会和父母一起回去看望爷爷奶奶。因为上学的原因,阿明有好几年暑假都没有回去看望爷爷奶奶了。今年,阿明小学毕业了,考上了重点初中,所以这个暑假对他而言是很轻松的。爸爸妈妈想到进入初中之后学习又会特别紧张,因而决定趁这次暑假带阿明回老家看望爷爷奶奶。

来到爷爷奶奶家里,阿明惊讶地发现,奶奶家门前的那条小河变得越来越宽广了,而且河里还有很多小鱼小虾呢!河水并不深,水流很清澈,阿明特别想和小朋友们一起下河捉鱼捉虾。但是他又很恐惧,因为他不会游泳。看到阿明犹豫不决的样子,爸爸鼓励阿明:"去和朋友们一起下河吧,水不深,水流也不湍急,即使滑倒了,也不会没过你的头顶,更不会把你

冲走。爸爸相信你一定能做很好。"

说着，爸爸还为阿明准备了抓鱼抓虾的背篓。妈妈很担心阿明在水中会发生危险，想要阻止阿明，但是爸爸却对妈妈说："你不让孩子去尝试，他永远都会感到好奇，而且这个小溪那么浅，不会发生危险。"阿明兴高采烈地和朋友们出发了，因为担心阿明的危险，爸爸一直在暗中默默地关注着阿明的情况，随时准备冲出去保护阿明。阿明和朋友们快快乐乐地玩了一个下午，感受到了乡野生活的乐趣，他还捉到了很多小鱼小虾呢，感到非常新鲜有趣。

俗话说："不经历无以成经验。"对于孩子而言更是如此。很多孩子从小生活在闭塞的环境之中，生活的范围很小，感受到的生活乐趣也很少。当城市的孩子来到农村，他们就会发现很多乡野的乐趣，这时候他们往往想要尝试，此时作为父母切勿一味阻止孩子。同样的，对于长期在农村的孩子来说，也可以来到城市里观光旅游，尝试很多新鲜的事物。只有在不断尝试的过程中，孩子才能渐渐成长。

禁止孩子尝试，不但剥夺了孩子享受自由的权利，还会使孩子的成长受到限制和禁锢。父母们必须清楚，孩子是独立的生命个体，他们有权利要求尝试，也有权利感受各种各样的新鲜事物。父母要给予孩子充分的信任，也要把自主权交给孩子，这样孩子才能在自主决策的过程中学会全面分析和理性权衡，也才能在作为主角亲身尝试的过程中体验到尝试的快乐。最为重要的是，孩子如果因为尝试而失败了，那么他们就能够从失败中汲取经验和教训，从而争取下一次做得更好。反之，如果孩子在尝试的过程中成功了，那么他们就会因此而信心倍增，相信自己的能力可以达到更强的程度。

一些年幼的孩子对很多事物都感到新鲜和好奇，为了从小培养孩子的好奇心，培养孩子勇敢尝试的精神，父母们面对孩子想要探索的欲望切勿打压，而是要积极地配合孩子，帮助孩子进行探索。这个世界是非常神奇的，也充满了无穷的奥秘，孩子们只有在用眼睛观察世界，用手改造世界，用脚丈量世界的过程中，才能让自己的人生天地更加辽阔宽广。

让孩子吃点儿苦头

自从推行独生子女政策以来，随着第一代独生子女的诞生，父母们对于孩子的养育越来越精细化。因为家家户户都只有一个孩子，所以他们把孩子看成了眼珠子，当成了命根子，不愿意让孩子吃任何苦，生怕孩子一旦吃苦就会受到伤害，也生怕孩子因此而影响健康成长。实际上，父母这样矫枉过正的行为对孩子的成长是极其不利的，孩子的成长有其自身的规律性，他们在成长的过程中要经历不同的阶段。为了帮助孩子夯

实人生的基础，在儿童时期和少年时期，父母必须学会有意识地让孩子吃苦。这样孩子才能知道生活的酸甜苦辣，也才能知道幸福的生活来之不易，才会拥有感恩之心，也拥有顽强拼搏的意志力。

从教育的角度来说，如果家庭教育从来不让孩子吃苦，那么这样的家庭教育就是不完整的；如果父母从来不让孩子吃苦，那么这样的父母就是对孩子不负责任的。为了让孩子未来能够拥有幸福快乐的生活，父母们应该有意识地让孩子现在就吃苦。在吃苦的过程中，孩子们才能渐渐成长，他们的心智也才能得到历练。

尽管大多数父母都担心孩子吃苦，但是现实却告诉我们，现在的孩子不是吃苦太多，而是吃苦太少。他们骄纵任性，在金钱方面，对于金钱消费没有意识，总是挥霍无度；在与人相处的时候，也不能设身处地地为他人着想，因而任性霸道成为了孤家寡人，这都是现代社会中很多孩子成长面临的误区。父母们不但要看到这些误区，也要时刻关注孩子的言行举止，更要分析在这些行为背后隐藏的深层次原因。

孩子正是因为在物质上太过丰富，在金钱上太过富裕，所以从来不知道金钱是得来不易的，更不知道珍惜父母辛辛苦苦赚来的钱。孩子正是因为在家庭生活中得到了父母无微不至的照顾，不管有什么需求和欲望都能够在第一时间得到满足，所以才会对父母缺乏感恩之心。在与人相处的过程中，孩子们抱着以自我为中心的思想，凡事都从自身的角度进行思考，这使得他们处处不受人欢迎。

意识到这一点之后，父母就会知道，孩子的一切行为表现都与家庭教育密切相关，父母要以家庭教育为根本，引导孩子进行适度的改变，从小引导孩子吃苦，让孩子在吃苦的过程中拥有顽强的意志力，也感恩父母的辛苦，并且能够与他人友好相处。此外，孩子还会拥有更加丰富的人生体验，因而在未来的人际相处的过程中能够与他人共情。

从成长的长远角度来看，如果孩子在小时候成长得一帆风顺，在父母的庇护下总是能够顺心如意，那么等到孩子渐渐长大，父母老去，无法再为他们提供全面的庇护时，他们又要如何成长呢？父母与其让孩子在长大之后猝不及防地面对残酷的现实生活，不如从孩子小时候就引导孩子洞察生活的真相。

关于吃苦，很多伟人都有自己独特的理解。屠格涅夫就曾说过，一个人要想成为幸福的人，必须首先学会吃苦，这是因为只有能吃苦的人才能忍受天下所有的不幸，才能跳出天下所有的困境。由此可见，吃苦对于孩子的成长多么重要。现代社会中。每个父母都希望孩子将来能够立足于社会，拥有幸福的生活，那么就要知道现代社会激烈残酷的竞争不仅仅是在较量知识与智能，更是在较量意志与毅力。孩子们只有具备吃苦的精神和能力，才能在激烈的竞争中获得胜利。

具体而言，父母应该如何让孩子吃苦呢？首先，父母不要凡事都替孩子代办，要让孩子养成自己的事情自己做的好习惯。在自力更生的过程中，孩子们会适度地吃一些苦。必要的时候，父母还要学会向孩子求助。例如，让孩子帮助父母分担一些家务，让孩子做一些有难度的事情。在此过程中，孩子会领悟到一个深刻的道理——只有坚持不懈才能获得成功。

其次，随着现代社会经济的发展，家家户户的生活水平都得到了提高，孩子们生活的条件更是越来越好。为了让孩子吃苦，父母可以有意识地为孩子设置一些障碍，这样就能循序渐进地提升孩子抵抗挫折的能力。

再次，不要总是鼓励和赞扬孩子。孩子如果从小就听惯了甜言蜜语，那么只要听到一句忠言，他们就会忍受不了。父母可以适度地批评和管教孩子，这是因为孩子们在成长的过程中总会犯各种各样的错误。如果他们从来没有听过逆耳的忠言，就会越来越放纵。父母必须清楚，只有逆境才能造就人才，也只有在充满挫折的困境中，孩子才能茁壮成长。

最后，吃苦教育要循序渐进。孩子可不是吃一次苦就能长大成人的，对孩子进行吃苦教育，父母要坚持循序渐进的原则。有些孩子原本生活在顺遂如意的环境中，父母一下子意识到吃苦的重要性，突然给孩子设置很多障碍，这会让孩子感到无法接受。父母要从孩子自身的情况出发给孩子设置障碍，逐渐提高任务的难度，给孩子难度更大的任务，这样孩子才能在成长的过程中有更好的表现。

总而言之,如今的孩子不是吃苦太多,而是吃苦太少。每个父母都要为孩子的长远考虑,不要总是把孩子泡在蜜罐里,而要偶尔让孩子尝尝人生的各种滋味,这样孩子才能对人生有更深刻的了解和感悟。

第六章

发掘孩子的天赋和潜能,培养孩子的兴趣爱好

现代社会,越来越多的父母给孩子报名参加各种各样的兴趣班、补习班,却因为遭到孩子的抵触而对孩子大吼大叫。其实,父母要想发掘孩子的天赋和潜能,培养孩子的兴趣爱好,就一定要尊重孩子真正的兴趣,也要遵循孩子的意见,而不要强求孩子,这样孩子才会愿意学,也才会在兴趣的驱使下学有所成。

发现孩子的天赋

每个孩子都是有天赋的，遗憾的是，只有少数父母能够发现孩子的天赋。大多数父母只要求孩子好好学习，根本没有注意到孩子在哪些方面独具天赋，更没有尊重孩子的天赋，对孩子因材施教。

那么，什么是天赋呢？所谓天赋，指的是孩子在某些方面具有特别的才能，或者是特殊的素质。这使孩子在进行这些方面的学习和发展的时候会得到先天的助力。当然，每个孩子的天赋都是不同的。孩子是这个世界上独立的生命个体。人与人之间的差异是很大的，孩子与孩子之间的差异也很大。例如，有些孩子特别擅长绘画，有些孩子特别擅长唱歌，有些孩子形象思维能力特别强，而有些孩子的逻辑思维能力很强。所谓天赋，就是天生具有的特长，这是从生物学意义上进行界定的。这意味着孩子从出生就带来了特殊的能力，如果父母不能发现孩子的天赋，也不能给孩子提供更好的成长条件，孩子的天赋就很有可能会被埋没。

古今中外，那些在特殊领域做出杰出和伟大贡献的人，都是在某些方面独具天赋的人。他们非常幸运，或者是被父母发现了天赋，或者是被老师发现了天赋，也有可能他们自己发现了自己在某些方面具有天赋。如果父母能够在孩子小时候就知道孩子有怎样的天赋，尽早对孩子进行引导，激发孩子的潜能，那么孩子的成长就会更好。

作为19世纪英国著名的数学家、物理学家，麦克斯韦之所以能够在数学领域和物理学领域都做出伟大的成就，就是因为父亲发现了他的天赋。有一次，父亲教麦克斯韦练习画画，麦克斯韦在画画的时候居然把一个插满菊花的花瓶画成了几何形状的组合，这让爸爸看到了他在数学方面的天赋，因而对他进行特别的培养。正因为如此，他才能在数学领域做出伟大的贡献。

试想一下，如果爸爸在看到麦克斯韦把画都画成了几何图形的时候，非但没有发现麦克斯韦的天赋，反而狠狠地训斥麦克斯韦，如指责"麦克斯韦在绘画方面没有一点天赋"，那么麦克斯韦未来的成长又会如何呢？很有可能，麦克斯韦非但不能成为数学家、物理学家，还会因此而感到自卑，觉得自己在绘画方面毫无所成。由此可见，父母对待孩子天赋的态度，父母能否及时发现孩子的天赋，对孩子一生的成长都是至关重要的。

那么，父母如何才能发现孩子的天赋呢？首先，父母不要界定孩子成长的道路，也不要局限孩子发展的方向。孩子在小时候就会表现出无限的可能性，他们有可能在很多方面都做出很好的成就，所以父母不要先入为主地框定孩子。有些父母总是把自己没有完成的理想和志向寄托在孩子身上，希望孩子能够代替他们实现这些理想和志向，其实这对于孩子而言是一种限制。父母要知道，孩子的成长有无限的可能性，只有给予孩子更多更好的机会，给孩子创造更好的条件，让孩子尽情地展示自己，他们才有机会展示和显现出所有的才能。

其次，父母要给孩子自主选择的机会。正如前文所说的，很多父母都怀有先入为主的思想，他们不由分说地为孩子报名各种课外班、兴趣班，而根本不尊重孩子真实的意愿。其实，所谓兴趣班应该以孩子的兴趣为基础。孩子真正对哪些东西感兴趣，父母才对他们提供助力。如果孩子对那些东西根本毫无兴趣，也不愿意在父母的强迫之下坚持学习，那么他们的学习效率就会大大降低。最好的做法是让孩子选择他们想要进行哪些方面的学习，父母则负责对孩子加以引导，给孩子提供合理的建议，为孩子提供支持和帮助。尤其是对于稍微大一些的孩子而言，他们已经具备了思考能力，在面对很多选择的时候也能进行综合权衡。因此，父母要给予孩子更大的自主选择权利。

再次，要引导孩子展开探索，进行积极的尝试。孩子的成长需要大格局，而不要被局限在小小的人生空间里。孩子只有不断地进行尝试，才能知道自己更喜欢哪些事情，进行哪些方面的学习，做哪些方面的工作。如果孩子从来不曾进行这样的尝试，那么他们没有比较，也就无法区分出轻重主次。所以父母要给孩子提供机会，让孩子进行尝试，坚持练习，这样孩子才会更明白自己的真实心意。在此过程中，父母也可以用心地观察孩子，看看孩子到底更擅长哪些方面，从而有的放矢地给予孩子帮助，这才是孩子真正需要的。

最后，适度期望孩子。虽然有些孩子在某些方面有着独特的天赋，但如果父母的过度期待给予了他们太大的压力，使他们觉得自己无论怎么努力，都不能做得更好，也不能令父母满意，他们就会感到沮丧。所以父母应该适度期望孩子，要给孩子营造一个充满爱和自由的环境，要激发孩子的潜能，这样孩子才能在各个方面有更加出类拔萃的表现。

对于孩子发展天赋这方面，父母要多给孩子引导，也可以帮助孩子进行测试，还可以让孩子明确自己到底喜欢做哪些事情。父母只要为孩子提供良好的条件和环境，并且以足够的耐心观察孩子在做不同的学习任务时所表现出的兴趣程度，以及是否能够因为充满动力而坚持下去，最终一定能够判断出孩子更适合在哪些方面侧重发展，以及孩子真正具有天赋的领域。这样才能明确目标，有的放矢地培养孩子。

让孩子生出想象的翅膀

想象力对孩子的成长至关重要。孩子如果拥有想象力，就像长出了翅膀，在生命的历程中，他们能够飞到更高更远的地方；孩子如果没有想象力，就只能在地上扑腾，不能飞到更高的地方，看得更远，也不能感受到御风飞行的快乐。关于想

象力，很多名人都给予了至高的评价。著名科学家爱因斯坦曾经说过，"和知识相比，想象力是更重要的，因为知识是有限的，而想象力是无限的，想象力是进步的源泉"。想象力概括着世界上所有进步的东西，从爱因斯坦对想象力的评价，我们不难看出爱因斯坦把想象力看得多么重要。

3~5岁之间，孩子的想象力发展达到了巅峰。随着年龄增长，孩子的想象力会渐渐地呈现下降的趋势。想象力，让孩子能够天马行空地思考各种各样的事情，使自身的思维突破俗世间一切的框架和局限。正是在想象力的装饰下，孩子才会认为整个世界都是非常神奇的，而且是特别精彩的。成人因为缺乏想象力，因此往往对孩子感兴趣的那些事情不以为然，也会因为司空见惯而表现出冷漠的态度。甚至有些成人认为孩子非常幼稚，还认为孩子的想象力是非常荒诞的。这是因为成人没有想象力，所以他们不能理解孩子充满想象力的世界。作为父母，即使不像孩子那样拥有丰富的想象力，也应该从孩子的想象之中看到创新的萌芽，也要保护好孩子的想象力，激发孩子产生更加生动的想象力，这样孩子所看到的世界和所感受到的生命才会更加丰富精彩。

甜甜上一年级了，最喜欢画画。每个星期，到了画画的日子，她就非常开心，从早晨出家门的时候就蹦蹦跳跳的，似乎这一整天都因为有了画画课而变得与众不同起来。

在美术课上,老师要求孩子们想象数字1还可以是什么。其他同学都把1想象成一根铅笔,但是甜甜却有自己的想法。她专注地画画,最后才把一幅与众不同的作品交给老师。原来,甜甜把1想象成了直尺,还把1想象成了电线杆。看到甜甜这样出色的表现,老师感到特别开心。她把甜甜的作品用投影仪放给所有同学看,并对同学们说:"1不仅是铅笔,还可以是很多东西。甜甜绘画的色彩非常饱满,她画了一把五颜六色的尺子,就像她的心灵也是五颜六色的。"

后来,老师和甜甜妈妈说起甜甜富有想象力,甜甜妈妈感慨地说:"这是因为我们很少限制她。比如她从小就喜欢画画,喜欢信手涂鸦,我们很少告诉她要画什么。她随时随地都想画画,而且会画各种各样的东西。哪怕她画的形状不对,但只要她是有道理的,我们就不会刻意纠正她。"

老师由衷地夸赞甜甜妈妈:"您的方法真的非常好,这样可以保护孩子的想象力,让孩子在成长方面有更为杰出的表现。虽然现在还看不出来孩子创新能力的重要性,但是随着不断成长,我们就会发现那些思维自由的孩子具有更大的成长潜力。"

如今,在家庭教育和学校教育中,不管是父母还是老师都会对孩子进行思维的引导和局限。例如,所有孩子都会把太阳画在画册左上角的一个角落里,只画四分之一。这其实就是因为父母或者是老师在教育孩子的时候限制了孩子的思维,扼杀了孩子的想象力。

曾经有一位老师在幼儿园里做过实验。他写了一个零,让小朋友们说这个圆圈是什么。小朋友们说出了很多答案,有人说是鸡蛋,有人说是鸭蛋,有人说是太阳,有人说是月亮,还有人说是一个张开的嘴巴。总而言之,小朋友们回答得五花八门。后来,这个老师又去了小学高年级进行测试。他照样在黑板上画了一个圆圈,结果同学们都说这是数字零或者是英语字母o。听到同学们千篇一律的回答,老师感到失望极了。

这个实验告诉我们,随着接受不当的教育,孩子的想象力非但没有得到发展和丰富,还受到了限制,这使孩子眼中原本独特的世界变得平庸无奇。作为父母,切勿用成人的思维对孩子天马行空的思维进行干涉,更不要在不知不觉间扼杀孩子的想象力和创造力。很多中国父母都想让孩子在言行举止方面符合常规,却在无形中扼杀了孩子的想象力。从现在开始,我们不要再轻易地限制孩子,而是要给予孩子更多的支持和帮助,也让孩子拥有更广阔的成长空间。

孩子是在异想天开,还是在胡思乱想?对此,父母要有火眼金睛,要能够从孩子天马行空的想象中找到积极的因素,并且能够给孩子提供强大的助力。为了强化孩子的想象力,父母还可以通过练习的方式培养孩子的想象力。例如,现代社会上非常流行脑筋急转弯,其实脑筋急转弯就是在帮助孩子们跳出思维的固定模式,让孩子们另辟蹊径地思考问题。在现实社会中，有太多千篇一律的商品和太多大同小异的人，真正需要的就是想象力和创造力，因为只有想象力和创造力才能推动时代向前发展，才能推动社会持续更新和进步。

培养孩子的创造力

虽然每个父母都知道，创造力对于孩子的成长而言是非常重要的，但是在真正的生活中，他们却往往没有火眼金睛，无法判断孩子到底是在进行创造还是在搞破坏。实际上，年幼的孩子对于创造和破坏的行为并没有明确的意识，很多孩子之所以搞破坏，就是为了满足自己的好奇，就是为了进行深入的探索，就是为了进行再创造。因此，父母在发现孩子搞破坏的时候，一定不要急于责怪孩子，更不要打击孩子的积极性。父母只有找到孩子行为背后的心理动机，才能给予孩子更好的引导和教育。

很多父母一旦说起孩子搞破坏的行为，就会对孩子冠名以"破坏大王"。他们还会在发现孩子搞破坏之后，忍不住对孩子歇斯底里地大吼大叫。例如，当妈妈发现刚刚给孩子买的小汽车被孩子拆得七零八散时，她一定会怒吼着对孩子说："你怎么这么讨厌，把刚刚买到新玩具拆成了一堆破烂儿。"再如，当妈妈看到家里用了很久的闹钟被孩子大卸八块，再也

无法组装起来的时候，很有可能会生气地打孩子的屁股。当妈妈不假思索地做出这样的行为，孩子原本满怀创造和探索的热情，此时就像被当头浇了一盆冷水，火焰马上就熄灭了。

在孩子眼中，世界是非常新鲜且有趣的，所以他们对世界充满了好奇，他们很想知道世界上各种各样的事物到底都是如何保持运转的，都遵循怎样的原理，所以他们就只能用自己的双手进行探索。例如，很多孩子喜欢拆卸东西，这是因为他们想知道这些东西内部的构造。然而，孩子能力有限，他们在拆卸某些东西之后，并不能原样组装起来。即便如此，父母也不要不由分说地批评孩子，而是要知道孩子真正的心意和想法。例如，孩子想拆掉一个闹钟，那么爸爸可以陪伴孩子一起进行这项工作，辅助孩子把闹钟的照片拍下来再进行拆卸，在进行每个步骤的时候，也把每个零件所在的位置拍下来，这样等到孩子拆卸完闹钟之后，爸爸就可以再引导孩子把闹钟组装起来，说不定在组装的过程中，孩子还会萌生出一些很好的创意呢！

面对想象力和创造力爆棚的孩子，父母一定要控制好自己，不要对孩子大吼大叫。要想当好父母，就要了解孩子的天性，并且在孩子表现出很强的好奇心时，正确地引导孩子，这样才能强化孩子的创造意识，让孩子更积极地投身于创新活动中。在此过程中，孩子还能提升自己各个方面的能力，从而圆满地解决问题。每个人来到这个世界上都离不开学习，孩子只有从小拥有求知的欲望，并在求知欲的驱使下积极地学习，才能提升自己的创造力，养成良好的学习习惯。

等到孩子长大，很多父母看到自家的孩子表现不佳，看到别人家的孩子表现出类拔萃的时候，就会抱怨自家的孩子没有创造力，不愿意进行实践探索。实际上，这是对于孩子的误解。孩子的创造力是非常强的，每个孩子天生就具有创造力，就对世界充满了好奇，父母只有保护好孩子，并且对孩子加以引导和帮助，孩子的创造力才能得到充分发展。

聪明的父母会有意识地培养孩子的创造力，如他们允许孩子按照自己的心意布置房间，鼓励孩子在面对难题的时候另辟蹊径，尝试以新的方法解决问题，鼓励孩子亲自动手做很多的东西，也鼓励孩子在做家务的过程中找到更多的乐趣。这使得他们孩子的动手能力非常强，而被父母限制探索的孩子虽然也可能学习能力很强，学习成绩也很优异，但是在想象力和创造力方面却略逊一筹。

具体来说，父母要想培养孩子的创造力，就应该做到以下的几点。首先，为孩子提供机会，让孩子接触更多的新鲜事物。孩子只有拥有大格局和开阔的眼界，才能激发创造力，培养创造力。如果孩子从来没有看到过更高科技的东西，也没有体验亲身体验过那些高科技带来的便利，他们又如何能够在高科技方面有创新的想法呢？孩子只有眼界开阔，经历更多，见识更多，才能激发自身的创造力。

其次，当孩子表现出好奇心，并且想要了解和探索的时

候，父母切勿阻止孩子的成长。好奇心是孩子成长的原始驱动力，正是在好奇心的驱使下，孩子们的求知欲才会越来越旺盛。尤其是对于那些自己不了解或者是未曾接触过的领域，孩子们更是充满了好奇。在这种情况下，父母一定要保护孩子的好奇心，哪怕孩子因为好奇损坏了家里的一些物品，或者做出了一些错误的事情，父母也不要严厉地斥责孩子，而是可以告诉孩子如何做得更好，从而帮助孩子把探索欲转化为兴趣和动机。

再次，为孩子提供适当的帮助。孩子毕竟能力有限，有的时候他们想做一些事情，却不能只凭着自身的能力做到，所以父母要鼓励孩子积极地尝试。即使孩子的某些行为不合理，父母也要给予理解，更要给孩子提供帮助。如果孩子尝试的方法是错的，那么在父母的帮助之下，相信他们会进行改进。例如，前面讲到的孩子不但会拆卸闹钟，还学会了组装闹钟，这就相当于是在培养孩子的创新能力。

最后，在家里为孩子开辟实验角。很多孩子都喜欢创造，他们需要进行实验，如果没有专门的区域给孩子实验，当孩子实验的时候把家里弄得乱七八糟，父母一定会忍不住对孩子吼叫，甚至批评孩子。如果有这样的特定区域供给孩子实验之用，孩子就可以自由地做实验，还可以反复地比较实验的结果，这对于培养孩子对科学的兴趣，激发孩子的创造力和求知欲都是大有裨益的。

培养孩子热爱阅读的好习惯

每天下午放学之后,天天就向妈妈申请看电视或者是玩手机,妈妈只能给天天制定规矩,即回到家里必须第一时间完成作业,完成作业之后才能看半个小时动画片。至于其他时间,除了吃饭洗澡之外,要用来读书。天天感到很纳闷,说:"老师让读的书,我已经读完了,还读什么书呢?我是不是可以用这些时间看电视呢?"妈妈耐心地对天天解释道:"每个人每天都要读书,你看妈妈每天晚上是不是也读书呢?如果你不能坚持读书,将来就不能坚持学习,就不能掌握更多的知识。"

显而易见,天天把妈妈所说的读书与学习搞混了。其实妈妈所说的读书是阅读,而学习只是完成老师布置的任务。后来,妈妈为天天准备了一些优质的绘本。刚开始的时候,因为天天没有耐心读下去,妈妈会陪着天天一起读。读着读着,天天感受到绘本的趣味性,因而如果妈妈没有时间给他讲故事、陪他一起读书,他就会自己翻看绘本。看到天天对阅读的兴趣越来越大,妈妈欣慰极了。

现代社会中,随着电子产品的普及,很多人都喜欢上了阅读网页或者是阅读电子书,只有极少数人能坚持阅读纸质书,感受阅读的魅力。不管时代如何发展,阅读都是非常重要的学习方式,只有通过阅读,人们才能了解更多的资讯,也只有通

过阅读，人们才能够接触更多的知识，从而陶冶情操，提升自己对文学的鉴赏能力和水平。对于孩子而言，通过阅读，他们可以了解更多的消息，也能够真正地认识社会，了解自然界。如果孩子从小就对阅读怀有浓厚的兴趣，那么父母一定要抓住宝贵的契机，引导孩子多多阅读有益的书籍。在阅读的过程中，他们感受到书籍的魅力，因而会更加积极地投身于阅读活动中。

如今，随着国家对阅读越来越重视，很多父母也意识到孩子的阅读能力是至关重要的学习能力。的确如此，阅读能力是学习能力的一个重要因素，孩子只有具备很强的阅读能力，才能在学习上有突飞猛进的发展。然而，我们不可能一蹴而就地培养孩子的阅读能力，每一种能力的形成都需要一个过程，尤其是对于孩子来说，他们更是需要循序渐进地推进阅读。在此过程中，还能培养孩子对阅读的兴趣，提升孩子的阅读能力。

在家庭生活中，父母是孩子阅读的启蒙者。父母只有注重阅读，也给孩子创立适合阅读的环境，并且为孩子树立积极阅读的榜样，孩子才会受到父母潜移默化的影响，真正地爱上阅读，并且能够积极地推进阅读。

很多父母本身并不热爱阅读，他们都是不折不扣的低头族，每天下班回到家里吃喝洗漱之后，或者对着电脑打游戏，或者低下头看手机。长此以往，孩子受到父母的负面影响，又

怎么可能会爱上阅读呢？为了营造家庭阅读的氛围，父母可以设立一个图书角，也可以规定亲子阅读的时光。每到亲子阅读的时光，全家人就可以在图书角里各看各的书。为了激发孩子的阅读兴趣，父母还可以和孩子同看一本书，并且在看完之后与孩子交流心得体会，这对于孩子而言是很好的激励。父母与孩子可以像朋友一样交谈，这也会让孩子拥有全新的亲子相处体验。

除了要为孩子营造良好的家庭阅读环境之外，父母在孩子阅读的时候还应该注重培养孩子阅读的有效性。例如，有些孩子喜欢看一些没有营养的书。对于这样的书籍，孩子既要花费时间，又要花费精力，却不能从中学习到很多知识，也不可能获得成长。这显然是在浪费时间。所以父母要引导孩子看一些对成长有益的书，这样孩子在看书的过程中就会有所感悟，也能够学习更多的知识，从而获得成长。

现在，市面上有很多儿童读物。这些读物的质量良莠不齐，在选择读物的时候，父母要选择优质出版社出版的书籍，要选择适合孩子所处年龄段阅读的读物。有些孩子在阅读上发展超前，他们可能会读那些适合大孩子看的书。也有一些孩子在阅读方面有了进步之后，求知的欲望会越来越强烈，甚至不满足于阅读父母为他们准备好的书。俗话说："开卷有益。"孩子在阅读的时候出现超前或者滞后的现象都是正常的，父母不要强求孩子。只要孩子读的是有益的书，父母也不要过于限制孩子读书的种类。例如，有些孩子喜欢看名著，这当然很

好。孩子可以从名著中得到文学的熏陶，提升文学的修养。也有一些孩子喜欢看百科知识类的书籍，因为他们觉得这些书里有很多有趣的现象，还可以了解很多知识。只要孩子看的是好书，是有益的书，父母就不要加以阻挠，不要强求孩子一定要看父母准备或者推荐的书。

不得不说的是，阅读是需要耗费时间和心力才能做好的事情。在阅读的过程中，孩子看似坐在那里一动不动，实际上他们的手、眼、脑子都在不停地动，所以父母要注重培养孩子对阅读的兴趣，切勿让孩子觉得阅读是枯燥乏味的。兴趣是孩子最好的老师，只有当孩子对阅读感兴趣的时候，他们才能坚持做好这件事情。如果孩子在阅读过程中遇到困难和障碍，父母要教会孩子使用工具书，或者是使用电子产品查阅资料，这能够帮助孩子扫清阅读的障碍，让孩子阅读起来更加轻松，这对于培养孩子的阅读习惯也是很有好处的，还能帮助孩子提升阅读效率。

开阔孩子的视野，让孩子有大格局

如今，中国在国际上的地位越来越高，随着中国国力的增强，中国与国际的交往也越来越密切。在家庭教育中，越来越多的父母认识到对孩子的教育也应该接轨国际，这样才能早早地为孩子的成长夯实基础，让孩子在将来一飞冲天。那么，如何才能让孩子拥有大格局，拥有国际化的视野呢？父母既要深谋远虑，也要统筹布局，尽早让孩子接触国际世界，这样孩子才能在心中装有世界，也才能为自己制定更远大的人生目标。

拥有国际视野，拥有大格局，并不只是让孩子学好英语。如今，很多父母都会花费大量时间与金钱，让孩子从几岁开始就上双语幼儿园，还有的父母会给孩子报英语班，让孩子尽早开始学习英语。也有一些父母的经济条件比较好，会策划送孩子出国读初中、高中或者是大学。实际上，孩子即使英语学得很好，也只能说明他们在语言上有天赋，这是孩子走向国际化的一个有利条件，但是孩子英语学得好并不意味着孩子一定拥有大格局和国际化的视野。要想培养孩子的大格局和国际化的视野，父母就要花费更多的时间，投入更多的精力，发掘孩子的天赋和潜能。当然，发展孩子的国际化视野，培养孩子的大格局，也并不一定要带着孩子周游世界，毕竟周游世界需要付出大量的时间，也需要付出极大的经济成本，对有一些普通的家庭而言想做到这一点是很难的。我们要意识到，哪怕只是采取一些普通的教育措施，只要父母在教育方面有大格局观，就能对孩子起到潜移默化的影响和作用。

首先，可以让孩子心中装着世界。例如，父母可以送给孩子一个地球仪或者是一张世界地图，看起来这像是在搞形式主义，其实不然。孩子每天看着地球仪或者是世界地图，渐渐地就会知道世界是非常广阔的，也了解世界上的每

一个大洲，知道整个世界的布局，因而树立理想，萌发出冲动，想要亲眼看到整个世界，走遍整个世界。当父母坚持这么做，在孩子小时候，父母即使没有能力带孩子走遍世界，也能启发孩子为自己树立高远的志向，让自己将来有朝一日能真正地把世界装在心里。

其次，让孩子多多亲近大自然，在名山大川中陶冶情操，让孩子的心胸更大，格局更开阔。很多孩子每天都被父母关在家里，父母借口工作忙或者是没有时间，很少带孩子出去玩，甚至很少带着孩子下楼，更不会创造机会让孩子与同龄人接触，也不会带着孩子去祖国各地旅游，开阔孩子的眼界和视野。这对于孩子成长而言是极其不利的。山山水水最利于陶冶人的情操，有些心胸狭隘的孩子常常与人发生矛盾和冲突，是因为他们关于人生的经验和体会非常少，不能与人共情。如果孩子在四处旅行的过程中感受到更多的情绪，那么不但有利于他们开阔视野，也有利于他们开展人际交往。

再次，抓住一切机会，引导孩子把世界装在心里。现实生活中，很多机会都可以让孩子对世界上的各个国家或者各个地区有所了解。例如，父母带着孩子去餐厅吃饭，吃到了土耳其烤肉，那么在回到家里之后，父母就可以让孩子在世界地图或者是地球仪上找一找土耳其的所在地，并且可以向孩子介绍土耳其的风土人情和国家特点。这样一来，孩子对土耳其就会产生很深刻的印象。再如，父母在带孩子吃了西班牙海鲜饭，那么就可以借此机会向孩子介绍西班牙。此外，当带着孩子在植物园或者公园里玩耍的时候，如果看到了来自异域的一些植物，父母也可以借此机会对孩子进行介绍。总而言之，处处留心皆机会，父母自己首先要有全局观、大局观，才能抓住各种机会，给孩子以恰当的引导和教育。

最后，借助网络，让孩子对世界加深了解，拉近孩子与世界各国的距离，把整个世界都装进心里。因为网络的普及，整个世界变成了一个地球村，这对于父母培养孩子的大格局观，开阔孩子的视野是特别有好处的。网络就像一把双刃剑，如果孩子利用得不好，就会耗费孩子大量的时间和精力，使孩子在学习上出现退步，在生活上陷入困境。但是如果能够合理适度地利用网络，就可以借助于网络了解世界各地的信息，并且可以足不出户地在网络上进行云旅游，对于世界各地的风土人情进行感受。如果孩子的英语能力达到了很高的水平，那么，父母还可以让孩子去境外的网站进行交流，与境外的小朋友聊天，了解境外的很多实时资讯，这对于帮助孩子心怀世界是非常有好处的，还能够促进孩子学习外语呢！

总而言之，培养孩子拥有开阔的视野和博大的格局，并不是一件简单容易的事情，父母既要对此持之以恒，也要先于孩子拥有大格局和大视野，这样才能给孩子以积极的引导。如果父母本身是鼠目寸光的，那么父母所培养出来的孩子也很难拥有长远的目光。父母必须具有伟大的格局，才能让孩子拥有开阔的人生。

第七章

引导孩子，好习惯才能收获好成绩

　　如今，很多父母都陷入了焦虑状态，他们望子成龙，望女成凤，期盼着孩子能够在学习上有出类拔萃的表现。每当孩子在学习上的表现不能让父母如意的时候，父母往往会感到非常焦虑。在这样的情况下，父母应该寻根究源，从根本上激发孩子的学习兴趣，培养孩子的好习惯，这样孩子才能收获好成绩。

孩子，你是在为自己读书

如今，整个社会上都弥漫着教育焦虑情绪，这是因为很多父母在教育孩子的时候都急功近利。如果说在孩子学龄前时父母的心态还是相对平稳的，希望孩子健康快乐成长，一旦孩子进入学龄，升入小学一年级，甚至从孩子进入幼儿园开始，很多父母就自觉地承担起监工的角色，每天都负责安排孩子的学习和生活，也监督孩子在学习上的表现。只要孩子在学习上出现被动的行为，父母就会严厉地训斥孩子，大声地吼叫孩子，看起来这是父母在关心孩子的成长，实际上父母在这么做的时候，不但会让亲子关系紧张恶劣，且对于真正促进孩子的成长也是有害无利的。

要想从根本上解决孩子学习的问题，让孩子做到积极主动地学习，父母就应该激发孩子对于学习的主动性，让孩子知道他们读书的目的不是为了父母，而是为了自己。孩子只有发自内心地认识到是在为自己而读书，才会主动自发地坚持学习，也才会追求上进。

很多父母一旦发现孩子在学习上表现倦怠，就会非常着急，恨不得当即就命令孩子在学习上更加积极主动。其实，父母强求孩子努力学习并非有效的教育方式，其一，这会让孩子形成强烈的依赖心理。很多孩子都认为自己学习是为了父母，如果父母不督促或者不奖励他们,他们在学习上就没有动力。其二,这也会让父母失去自己的生活,把所有的注意力都集中在孩子身上,同时也给孩子施加过大的压力,让孩子感到无所适从。那么,当孩子认识到学习是自己的事情,父母也能够摆正自己与孩子之间的关系,适度鼓励孩子,督促孩子,那么亲子之间的关系就会越来越好,亲子感情也会更加深厚。

有专门的调查机构经过调查发现,如今有很多孩子都产生了浓厚的厌学心理。有些孩子因为极度厌学,还会选择退学,在社会上四处流浪。这使他们在不知不觉间误入歧途,也造成了很严重的社会问题。厌学和退学的情况频繁地发生在中小学阶段,尤其是在初中生阶段。初中的孩子正处于青春期,他们原本就容易情绪波动,对人生也没有明确的认知,对自我更不能客观地评价。

那么,孩子们为什么会出现厌学情绪呢?父母必须找到孩子厌学行为背后的深层次原因,才能有的放矢地解决问题。大多数孩子之所以厌学,有可能是因为父母培养孩子的方法不恰当,或者父母对孩子溺爱,总是顺从孩子的心意,也或者是因为父母对孩子的态度太过简单粗暴,总是不由分说地批评和指责孩子,这些都会使孩子感到压力特别大,因而渐渐地失去求学的欲望。

还有些孩子在学习上没有掌握正确的方式方法,因为父母

的疏忽或者父母忙于工作，他们不能及时地得到父母的帮助，这使得他们对于学习产生了错误的想法，认为自己不管是否学习都不能改变未来的命运，所以才会放弃学习。

父母要想帮助孩子克服厌学情绪，让孩子知道是自己是在为自己而读书，就要做到以下几点：

首先，父母要以身示范，坚持学习，给孩子做好榜样。很多父母本身并不擅长学习，也不能坚持学习，他们在工作之余常常进行各种娱乐活动，这都会对孩子产生负面影响。当父母能够坚持学习，就能为孩子营造积极向上的家庭氛围，让孩子更加积极主动地投入学习之中。

其次，父母要给孩子提供助力。不可否认的是，孩子在学习的过程中一定会遇到各种困难，在孩子遇到困难的时候，父母要给予孩子帮助。如果父母本身的学识水平达到了一定水平，那么父母可以亲自辅导孩子；如果父母的学识水平非常低，那么，还可以请其他人为孩子的学习提供助力。

在日常生活中，父母还要注重引导孩子形成良好的学习习惯。其实，父母未必需要很高的学识水平，才能帮助孩子在学习上取得进步。即使父母不能在学业上辅导孩子，只要能够引导孩子形成良好的学习习惯，让孩子产生浓厚的学习兴趣，同样会对孩子的学习起到很强大的推动作用。

再次，父母要经常与老师沟通，了解孩子在学校里的情况。很多父母一旦把孩子送到学校里，就仿佛把孩子送入了保险箱，不再关心孩子在学习上的表现。这是对孩子极其不负责任的行为。家庭和学校是教育孩子的两个重要场所，它们虽然并不同归一处，但是它们之间的联系却必须紧密。父母只有加强与老师的合作，才能为孩子营造良好的成长环境，父母也才能及时了解孩子在学校里的表现，起到预防患于未然的作用。

最后，父母要多多激励孩子，让孩子充满信心。孩子发自内心地希望自己在学习上有很出色的成就，但是这并不是主观意愿就能决定的。有些孩子尽管勤奋刻苦地学习，却并不能获得良好的结果，这使孩子们感到特别沮丧。每当这时，父母不要总是给孩子贴标签，也不要恶言恶语地讽刺孩子。如果孩子自暴自弃，破罐子破摔，因为厌学而放弃学习，那么孩子是不可能健康成长的。所以父母要帮助孩子树立信心，让孩子充满动力地在学习的道路上继续向前奔跑。

授人以鱼不如授人以渔

古人云："授人鱼不如授人以渔。"意思是说给他人鱼，他人很快就会吃完，还不如教会他人捕鱼的办法，这样

他人就永远都有鱼吃。在培养孩子学习的过程中，父母要注重培养孩子的自学能力。如果父母总是向孩子灌输知识，孩子就无法保持学习的良好状态。父母只有教会孩子学习的方法，孩子才能在学习的过程中持续得到支持。对于孩子而言，学习力是至关重要的。在这个世界上，知识也许是有限的，但是学习力的影响却是无限的。孩子在形成学习力之后，能够获取更多的知识，在掌握了知识之后，就能更加灵活地运用知识。总而言之，所谓学习力就是自学的能力。

看到这里，也许有的父母会感到惊讶，孩子才这么小，盯着他们学习他们都不愿意学，让他们自觉地学习，这简直是在做梦吧。父母之所以这么想，是因为他们有先入为主的观念，认为孩子不会主动学习。父母要想让培养孩子的自学能力，就要先改变自己的观念，不要先入为主地认为孩子一定不能自学，而是要相信孩子有学习的欲望，也拥有学习的动力，这样才能给孩子更有效的引导和帮助。

现代社会，大多数孩子都不愿意积极主动地学习，他们认为学习是一件苦差事，哪怕有老师专门负责教授他们知识，他们也不愿意配合老师积极地学习。这是因为什么呢？孩子并非天生厌学，而是因为在家庭教育的过程中，父母每时每刻都在盯着孩子，督促孩子学习。在学校教育中，老师也会想尽办法地让孩子坚持学习，这使得孩子在学习上的依赖性越来越强。也有一些父母在孩子遇到难题的时候总是不假思索地告诉孩子答案，使孩子的思维出现很强的惰性。孩子哪怕有能力进行独立思考，解决问题，也不愿意花费时间和精力去思考和解决问题，而是会向父母寻求答案。长此以往，孩子在学习上始终处于被动的状态，他们变得越来越懒惰。老师和父母对孩子的教育尽管是非常系统的，也想要培养孩子主动学习的好习惯，但是孩子的成长却不可能始终依靠外力的推动。认识到这一点之后，父母一定要有意识地培养孩子的学习力。

小伟正在读小学三年级，他今年九岁了。小伟从小到大都是一个非常乖的男孩，不管是在生活中还是在学习中，他都对父母言听计从，父母安排他怎么做，他就怎么做。父母交代的任务，他总是能够保质保量地完成，老师布置的作业，他也完成得非常好，这使得小伟成为了很多人心目中的好孩子。

最让其他父母羡慕的是，小伟每天放学回家之后，总是能够在妈妈的安排下主动完成作业。然而，这一切都随着妈妈的一次意外而改变了。有一个周末，妈妈外出买菜，却被一个骑电动车的撞伤了，腿部严重骨折，不得不在医院里住了半个多月。在这半个多月的时间，没有了妈妈的督促，小伟在学习上的表现很糟糕。他再也不能按部就班地做好所有的事情，尽管妈妈常常用电话遥控指挥他，他也无法控制好自己。尤其是在作业上遇到难题的时候，他更是没有人可以求助，这使得他的作业质量急速下降。有好几次，老师都打电话向小伟妈妈反馈

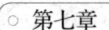

小伟没有按时完成作业。这让住在医院里的妈妈心急如焚。

原本，小伟是大家心目中的乖孩子，为何会突然出现这样的改变呢？主要就是因为妈妈平日里对小伟管得非常严格，面面俱到，因而一旦失去了妈妈的管束，小伟就会出现失重的情况。他突然享受到自由，不知道应该如何安排自己的学习生活，也不知道应该如何才能管理好自己，这就是孩子依赖性过强的负面作用。

父母爱孩子应该为孩子考虑得更为长远，在教会孩子一些知识和技能的时候，也要教会孩子思维的方式或思考的模式，如培养孩子的学习力就是一劳永逸的好方法。具体来说，父母要如何做才能教会孩子主动学习，让孩子拥有学习力呢？

首先，父母要帮助孩子养成良好的习惯。俗话说，习惯成自然。孩子一旦养成了良好的学习习惯，在学习的过程中，他们就会按部就班地完成自己应该完成的事情，而不需要父母反复叮咛和督促。

其次，父母要教会孩子使用工具书解决学习过程中遇到的难题。和使用工具书相比，询问父母得到难题的答案显然是更容易的，也能为孩子节省大量的时间和精力。但是，父母在发现孩子想这样讨巧的时候切勿配合孩子，更不要助长孩子这样的行为，父母可以问问孩子：难道在进考场的时候，他们也能带着父母，随时向父母询问问题吗？这当然是不可能的。此外，即使是在日常的学习中，父母也不可能每时每刻都陪伴在孩子身边，所以父母不要让孩子养成凡事都问父母的坏习惯，而是要让孩子养成使用工具书解决学习问题的好习惯。

如果孩子遇到不认识的单词生词或者是英语单词，就可以通过查询词典等方式解决；如果孩子遇到了不了解的概念，就可以通过打开网络百度的方式帮助自己加强了解。只有在这样坚持借助于工具书或者是其他工具来解决作业难题的情况下，孩子的学习力才会持续提升。

再次，要教会孩子学习的技巧，让孩子掌握学习的方法，从而提升学习效率。俗话说："书山有路勤为径，学海无涯苦作舟。"虽然学习是一件辛苦的事情，但是学习上并非没有捷径可走，明智的父母要教会孩子学习的方法和技巧，这样孩子在学习的过程中就会获得更大的提升，也能够适度地节省时间和精力。

最后，要帮助孩子端正学习态度，让孩子知道养成终身学习的好习惯至关重要。很多孩子对于学习都缺乏正确的认知，他们认为，所谓学习就是要掌握老师教授的知识，就是要完成父母交代的学习任务。其实，学习并非为了任何人，而是为了孩子自己。而且，学习并不是只在于学龄阶段。现代社会中竞争如此残酷和激烈，每个人都要坚持终身学习，才能在社会上赢得一席之地，孩子也是如此。孩子只有从小就端正学习态度，形成终身学习的观念，才能坚持不懈地学

习,哪怕遇到困难也绝不放弃。

总而言之,父母不管采取哪种方式督促孩子持久地学习,都不要对孩子大喊大叫。随着不断成长,孩子的自我意识越来越强,自尊心也越来越强。如果父母对他们吼叫,他们就会难以接受,也会因为羞愧或者是自尊心受到伤害而故意与父母对着干。明智的父母在引导孩子学习的过程中不管多么生气,都不会冲着孩子大吼大叫,他们会看到孩子表现出来的学习行为,也会理性地分析孩子的学习心理,因而有的放矢地教育孩子。

夸赞孩子勤奋,而非聪明

现实生活中,很多父母看自家的孩子非常满意,尤其是当孩子在学习上有了小小的进步,或者有出类拔萃的表现时,父母更是会不假思索地称赞孩子聪明,但这种做法并不值得提倡。那么,父母为什么不能夸赞孩子聪明呢?

首先,聪明是天生的。如果孩子靠着天生的聪明就能把学习成绩提升上去,那么孩子就会不愿意努力。其次,总是夸赞孩子聪明,会让孩子形成错误的自我认知,他们为此而沾沾自喜,甚至觉得自己在学习上不需要努力就能取得好成绩。显而易见,不管孩子的心态走上了哪一条偏差的道路,他们都会因此而导致学习退步和落后。

明智的父母在孩子取得优异学习成绩的时候，不会夸赞孩子聪明，而会夸赞孩子勤奋努力。勤奋努力是孩子在后天成长和学习的过程中做出的表现，是可以持续的，是孩子的主观能够控制的。勤奋努力说明孩子在学习上有强烈的动机和充足的动力，而且他们很愿意通过勤奋努力获得学习成果，这样父母就会在无形中向孩子强调后天努力的重要作用，也会在潜移默化中影响孩子，让孩子知道只有勤奋刻苦，才能够在学习上获得成就。

现实生活中，很多人都陷入了聪明反被聪明误的误区，这是因为他们自视甚高，自恃聪明，所以在做人做事的过程中往往会偷奸耍滑，只想要付出很少，却奢求得到更多回报。殊不知，天上从来不会掉馅饼，世界上也没有免费的午餐。一个孩子不管是有独特的天赋，天资聪颖，还是天资平平，都必须依靠勤奋努力才能坚持进步。

自从升入小学三年级之后，爸爸妈妈发现帅帅在学习上出现了很大的退步。在小学低年级阶段，帅帅每次考试都能考90多分，甚至考到100分，在班级里名列前茅。原本，爸爸妈妈以为帅帅在学习上会延续这样的优势，却没想到这才刚刚升入小学三年级，帅帅在学习上就遇到了很多困难。

例如，在小学低年级阶段，帅帅很容易就能把课文背诵下来，但是在进入三年级之后，他即使非常努力，也不能在最短的时间内把课文一字不差地背下来，这是为什么呢？原来，在帅帅上小学一年级的时候，父母常常夸赞帅帅聪明，不管帅帅是经过努力考取了好成绩，还是凭着良好的记忆力很快就把课文背诵下来，父母对帅帅表扬的话都只有一句："你真聪明！"日久天长，帅帅就觉得自己真的非常聪明，面对学习，哪怕不需要努力，也能够获得很好的成绩。渐渐地，他就不再勤奋努力了，而是变得自高自大起来。妈妈偶尔提醒帅帅要反复朗读和熟练背诵课文，帅帅却总是说："没关系，我这么聪明的头脑，到明天早晨起床的时候自然就会背了！"

升入小学三年级之后，学习的任务加重，课程课业的压力越来越大，帅帅只靠着聪明就想达到老师的要求显然是很难的。在三年级的第一次月考中，帅帅的成绩一落千丈，这让爸爸妈妈非常焦虑。他们特意去学校向老师了解帅帅学习的情况，老师对爸爸妈妈说："帅帅非常自负，有的时候要求背诵课文，同学们都在认真努力地背，他却在偷偷玩耍。我发现过他好几次，也督促过他很多次，他却说自己很聪明，一定能够背下来。等到我真的开始检查的时候，他根本不能完整地背诵一篇课文。不知道帅帅为何会对自己形成这样错误的认知，以为聪明就是最大的资本。其实，班级里比他聪明的同学有很多，但是这些同学都非常努力勤奋，所以他们在学习上始终名列前茅。"

老师的话让爸爸妈妈都感到非常羞愧，妈妈当即向老师进行自我检讨，说："这都怪我们。在他小时候，我们常常夸他聪明，所以他现在形成了这样错误的想法。"老师听了妈妈的话，着急地说："你们以后可千万不要再夸孩子聪明了，你们只能夸孩子勤奋努力，这样才会让孩子更勤奋更努力。你们夸孩子聪明，只会让孩子不愿意努力。有谁能只凭着聪明的头脑就获得伟大的成就呢？"听了老师的话，爸爸妈妈连连点头。

古话说，小时了了，大未必佳。这句话告诉我们，一个人小时候即使有很高的天赋，如果不能加以引导，坚持努力，那么等到长大了之后，也许就会特别平庸。现实生活中，很多孩子小时候很聪明，但是长大了之后却一事无成，这是为什么呢？心理学家经过研究发现，大多数人的先天条件都是相差无几的，由此可见，这些看似聪明的孩子之所以成年后平庸无奇，就是因为他们被聪明害了。

知道夸赞孩子聪明会有这么多的负面作用之后，作为父母再也不要总是说孩子很聪明，而是要夸赞孩子勤奋努力。

首先，父母自己要做到不夸孩子聪明，也要告诉家里的人或者是亲戚朋友不要夸孩子聪明。

其次，父母要有意识地夸赞孩子勤奋努力，尤其是当孩子在经过努力获得了小小的成绩时，父母更是要大力夸赞孩子，而不要吝啬夸赞孩子。

再次，要有意识地给孩子设置一些带有难度的任务。很多孩子常常做一些轻而易举就能够实现的任务，这使他们形成误解，觉得自己天赋异常，对于那些任务很容易就能完成。当父母给孩子设置难度更大的任务，就会让孩子意识到很多事情必须付出努力，才能获得想要的结果，这样孩子对自己也会有更加中肯的评价。

最后，为孩子树立积极的榜样，让孩子知道人外有人，山外有山。每个人都要知道自己的优势和长处，也要认识到自己的缺点和不足，这样才能取长补短，扬长避短。否则，如果盲目地陷入骄傲自满的状态，只会导致退步。父母可以激励孩子经常参加竞赛，在比赛的过程中，孩子会见识到更多优秀的对手，也就不会再认为自己天下第一聪明了。这对于他们保持谦虚的心态，保持积极进取的姿态是非常有帮助的。

慎用物质奖励和金钱奖励

得知学校里马上就要举行期中考试了，妈妈叮嘱贝贝一定要认真复习，争取考出好成绩。听到妈妈的话，贝贝一脸漠然地伸出手对妈妈说："赶快拿来吧！"妈妈一头雾水，不知所以地问贝贝："拿什么呀？"贝贝笑着说："妈妈，你可别装糊涂了！我这次考试保证考第一名，你就先把奖金提前给我吧！"

妈妈惊讶地说:"你还没有考呢,怎么就知道自己能考第一名呢?而且你怎么知道这次考试一定有奖励,而且会以奖金的形式发放呢?"贝贝说:"你和爸爸不总是忙于工作吗?每次考试都给我奖金,这次应该也不会例外吧。"听了贝贝的话,妈妈感到心里很不是滋味,她耐心地对贝贝说:"贝贝,你学习是为了自己,可不是为了爸爸妈妈。奖励是额外的,而不是必需的。考试考得好给你奖励,那是爸爸妈妈心甘情愿的,但是你作为学习的主体,你是为了自己在学习,可不能为了考试就跟爸爸妈妈要奖金啊!"

贝贝对妈妈的话嗤之以鼻,说:"你以为我多么想要奖金吗?但是你们只给得起奖金!我想要的奖励你们从来给不起。"妈妈更纳闷了,问贝贝:"你想要什么奖励呢?每次考试都给你那么多奖金,够你随心所欲地买多少礼物啊?"贝贝说:"我想要的奖励是希望你们能陪我。你们总是忙忙忙,每天都不着家,我常常一连十几天都看不到你们。我算是看明白了,咱家穷得只剩下钱了。除了钱,你们还能给我什么呢?"妈妈陷入了沉思,她意识到如果再不抽出时间陪伴贝贝,那么与贝贝之间的感情就会越来越淡漠。说不定有一天等到他们老了,贝贝也只会给他们钱,而不愿意出现在他们面前呢!

每当看到孩子在学习上出现厌倦情绪,也不愿意坚持努力学习的时候,父母总是特别心急。为了督促孩子,激励孩子,

有些父母就以金钱和物质作为手段奖励孩子。殊不知，金钱能够在短时间内调动起孩子的积极性，让孩子加倍努力，但是从长远来看，这样的奖励方式对孩子的学习却是绝无好处的。

从心理学的角度来说，孩子要想坚持学习，就需要驱动力。驱动力可以分为内部驱动力和外部驱动力。所谓内部驱动力，指的是孩子主动自发地学习。他们知道学习是为了自己，知道读书是为了自己，也能够拼尽全力地通过学习和读书改变自己的命运。在这样的情况下，孩子在学习上的表现是能够持久的。那么，什么叫外部驱动力呢？所谓外部驱动力，顾名思义就是孩子从外部得到的动力。可想而知，和内部驱动力相比，外部驱动力持续的时间更短，产生的效果更弱，根本无法激励孩子长期学习。父母给予孩子金钱和物质的奖励，恰恰就是在以外部激励的方式鼓励孩子学习，结果往往会与预期相差甚远。

在很多家庭里，父母为了让孩子在即将到来的考试中考出好成绩，常常与孩子谈条件，如他们会对孩子允诺"只要你在这次月考中进入前十名，妈妈就奖励你500元""只要你在这次期中考试中进入前三名，妈妈就会给你买你想要的变形金刚玩具"。听到父母这些谈条件的话，孩子们即使原本并不想与父母谈条件，此时也会觉得是父母在求着他们学习。这样一来，父母与孩子之间的角色就完全颠倒了。在健康的亲子关系之中，应该是孩子更积极地投入学习，要求父母为他们提供各方面的便利条件，这样他们才会对学习更加用心，更加投入。

认识到这一点之后，在孩子学习的过程中，父母切勿再以金钱和物质奖励的方式激励孩子。父母在对孩子提出要求的时候，只要说出自己对孩子的期望即可，而不要总是把孩子的成绩与各种奖励密切相关。

有些孩子在得到了父母的允诺之后，在学习上的确会充满动力，想要获得父母的奖励。如果孩子能够达到父母的目标，就会很开心地得到奖励；如果因为父母制定的要求太高，孩子无法达到父母的目标，无法得到父母承诺的奖励，那么他们就会感到灰心沮丧。对于孩子学习这件事情，父母的想法应该更加纯粹，那就是孩子学习是为了自己。不管孩子考取高分还是低分，最终这些分数都会成为孩子人生的基础，也会为孩子铺平前进的道路。

从长远来看，父母要想让孩子对学习保持热情，激发出孩子学习的动力，就要做到以下几点：

首先，父母要培养孩子的学习兴趣。孩子之所以对学习感到厌倦，有可能是因为在学习上面对困难，或者是觉得所学的知识没有用。如果是因为前者，那么父母要帮助孩子扫清障碍；如果是因为后者，那么父母在生活中要抓住各种机会，引导孩子运用这些知识解决问题，这对于培养孩子的学习兴趣都是非常有帮助的。

其次，父母想激发孩子学习的内部驱动力，就要以精神奖

励为主，多多对孩子进行精神鼓励。例如，可以承诺孩子在考取好成绩之后，抽出一天时间陪伴孩子，这样既能够拉近亲子关系，又能够增进亲子感情，且与物质和金钱没有关系，是非常好的奖励方式。父母也可以给孩子奖励一些图书，让孩子自己选购喜欢看的书籍，这样也能够促使孩子更加积极主动地投入学习。

再次，奖励一定要有分寸。不管以怎样的方式奖励孩子，都要注意把握好分寸。奖励只有恰到好处，才能达到最佳的效果。很多父母虽然知道不能经常对孩子进行物质和金钱奖励，但是他们在对孩子进行精神奖励的时候，却因为没有把握好分寸而出现过度和泛滥的情况。例如，有的父母在很短的时间内会接连表扬孩子，有的父母把表扬孩子当成了口头禅，日久天长，孩子对父母的表扬越来越麻木，使父母的表扬无法起到预期的效果。

最后，要区分清楚孩子所做的事情中，哪些事情是应该得到奖励的，哪些事情是孩子本来就应该做的。有些父母给予孩子奖励不加区分，他们只要看到孩子完成了一个任务，不管是艰巨还是简单容易，也不管这个任务是孩子的分内之事还是分外之事，都会不由分说地给孩子奖励。长此以往，孩子就会形成自己是在为父母学习的错误想法，在学习上失去内部驱动力。明智的父母不会过于频繁地给孩子奖励，也不会不讲究方式方法就给予孩子奖励，只以恰当的方式对孩子进行适度的奖励，才能对教养孩子起到更好的作用和效果。

孩子学习时,请别当监工

最近这段时间,小刘的脸色特别不好,每天来单位里上班的时候,他都顶着两个熊猫眼,脸色晦暗。在上班的过程中,他常常哈欠连天。有一天中午,同事们都在聊天,他居然趴在工位上睡着了。看到小刘这样的表现,主任非常担心,他找了个机会问小刘:"小刘,你最近家里是不是有什么事情啊?是老人生病住院了吗?"小刘不知道主任的话从何而起,有些丈二和尚摸不着头脑,赶紧摇头,回答主任:"没有,没有,我家老人都好着呢。"主任说:"我看你最近精神状态很差,显得非常困倦,我还以为你下了班去医院里陪夜了呢。要是有难处就告诉我,我会想办法帮你的。"听了主任的话,小刘恍然大悟,说:"是陪夜,但却不是在医院给老人陪夜。这不是孩子上初中了么,作业量加大了,每天晚上我都得陪着他写作业,他什么时候写完,我什么时候才能睡觉,所以把我也熬成了熊猫眼。"

听到小刘这么说,主任更担心了:"孩子这才上初一,你就这么辛苦!将来孩子要是上了高中,每天晚上学到十一二点,那你岂不是要更辛苦了吗?早上还得早早起床给孩子做饭吧?"小刘无奈地点点头,说:"是啊,从小就是这个习惯,必须我陪着才能写作业。要是我不陪着,一个小时能写完的作业,他恨不得用四五个小时才能写完。现在作

业量又这么大,我是一刻也不敢放松,否则孩子根本没时间睡觉了。"主任语重心长地对小刘说:"小刘啊,作为过来人,我可要批评你。孩子写作业是他自己的事情,你这样每天当孩子的监工什么时候才是个头啊?你想想自己上学的时候,有没有这么用功呢?你当初要是有现在陪孩子写作业的劲头,说不定能考上一个更好的大学呢!"主任的话把小刘说得哈哈大笑起来,他信服地说:"是的,主任,我自己上学的时候还经常偷懒呢,可没有现在这么努力。现在我每个星期每个月都坚持全勤。"

主任一本正经地对小刘说:"孩子的作业越来越多,我建议你还是尽快帮助孩子养成独立完成作业的好习惯。其实早在小学阶段,你就应该帮助孩子养成这样的好习惯了。现在孩子既然已经进入初中了,也算为时不晚,否则后面可有的你苦头吃呢!"

现实生活中,很多父母都和小刘一样,他们在不知不觉之间就承担起当孩子监工的角色,总觉得孩子学习是非常辛苦的。他们认为,当孩子学习的时候,如果他们正在其他的房间里进行娱乐活动或者是在呼呼大睡,就对不起孩子。其实,父母这样的想法是完全没必要的。父母小时候也曾经上过学,上学就是孩子应该做的事情,所以父母完全没有必要觉得孩子是在额外付出,更不要觉得孩子是在为父母付出。

此外，对于父母而言，每天白天都要辛苦地工作，回到家里还要做家务，理应有一定的休息时间。如果把这仅有的时间用来监督孩子写作业，日久天长，父母就会感到心力交瘁。长此以往，父母不但身体上受不了，心理上也会感到很疲惫。

从孩子的角度来说，父母做监工也有很多弊端。例如，父母总是监督孩子做各种各样的事情，一旦父母不在家，孩子就会因为缺乏自控力和自我管理的能力而出现失重的情况。这就像一个人平时被管控得非常严，却突然之间失去管控，就会过度放松，不知道自己该做什么了。

很多孩子都不喜欢被父母指挥和命令，父母如果充当监工的角色，总是监视孩子的学习行为，也对孩子下达各种指令，就无法与孩子之间进行正常的交流和互动。如果孩子总是要在父母的安排下去做各种各样的事情，长此以往就会感到非常压抑，还有可能产生逆反心理。

孩子的学习是一个漫长的过程，父母不可能始终陪伴在孩子的身边，与其每天陪伴着孩子，还不如帮助孩子养成学习的好习惯，这样才能一劳永逸。尤其是有些父母在监督孩子写作业的过程中，还会主动成为孩子的答题机器，孩子只要遇到不会的题目，就会向父母求助，而父母呢？则会当即告诉孩子答案。如果父母总是这样做，孩子如何还能独立思考呢？

此外，父母一直监督孩子还有一个弊端，那就是孩子在写作业的过程中是需要专注的，父母在一旁看着孩子写作业，一旦看到孩子有不好的表现，就会提醒孩子；一旦看到孩子做错了某道题目，父母也很难忍住不告诉孩子错误出在哪里。在此过程中，父母就会一次又一次地打断孩子专注的思路，最终非但使孩子养成三心二意的坏习惯，还会让孩子缺乏专注力。这对孩子的学习显然是非常不利的。

随着不断成长，孩子在学习上的状态越来越好，父母既要学会三缄其口，也要学会谨言慎行，不要总是说那些无用的话，告诉孩子要认真，要抬头，要抓紧时间。这些话，孩子从小听到大，耳朵早就磨出老茧了。父母与其唠唠叨叨地说这些话，还不如对孩子说一些更有用的话，这样孩子反而更愿意听，也会积极地采纳父母的建议，父母也就能够在孩子的心目中树立权威。

现代社会崇尚终身学习，对于孩子而言，学习应该是一辈子的事情，他们不但在校园里生活的时候需要学习，走出校园走上工作的岗位后也依然需要学习。父母与其这样时时刻刻盯着孩子，监督孩子，还不如从小就培养孩子独立自主学习的能力，帮助孩子养成学习的好习惯，这样孩子不管是在家里还是在家外，不管是在学校里还是在学校外，也不管是否在父母面前，都会按照自己的模式坚持学习，从而在学习上取得稳定的成绩。

第八章

言传身教，为孩子树立为人处世的榜样

如今，很多孩子都是独生子女，他们在父母的骄纵和宠溺之下，渐渐地形成了以自我为中心的错误思想，很少考虑到他人的情绪和感受。在为人处世的过程中，他们因为过于自私和霸道，往往会受到他人的排挤，因而非常孤独和寂寞。为了让孩子更好地为人相处，父母应该坚持言传身教，给孩子树立好榜样，这样才能在潜移默化中对孩子产生积极的影响。

不要出口成"脏"

月月六岁了,已经幼儿园毕业了,过了这个暑假她就要上一年级了。原本,奶奶以为孩子越大越懂事,却没想到从小乖巧可爱的月月在暑假里彻底放飞了自我,不但不愿意听奶奶说话,还总是调皮捣蛋,有的时候甚至会对奶奶爆粗口呢!

有一天,月月起床之后不愿意穿衣服,只穿了一件小小的吊带睡衣,就在空调房里跑来跑去。奶奶担心月月着凉,几次三番催促月月穿衣服。突然,月月恶狠狠地对奶奶说了一句脏话,奶奶惊讶极了。她问月月:"你是从哪里学来的这句脏话?"月月意识到自己说出的这句话不好,赶紧跑到房间里藏起来。后来,奶奶喊月月吃饭,月月才从房间里出来。

月月从小到大都是由奶奶负责养育的,爸爸妈妈忙于工作,只有晚上回家的时候才会和月相处很短暂的时间。对于月月说脏话这件事情,奶奶只能自己寻找原因。后来,在带着月月出去玩的时候,月月和一个小朋友玩得很开心,奶奶突然听到那个小朋友的奶奶说出了一句脏话,和月月说得一模一样,这才恍然大悟。原来,月月说脏话就是跟这个奶奶学的。后来,奶奶严肃地告诉月月:"小朋友不可以说脏话,如果你不听奶奶的劝说,总是说脏话,奶奶就不喜欢你了。"奶奶还告诫月月:"如果在外面对其他小朋友说脏话,就会被其他小朋友排斥，就没有人愿意跟你玩儿了。"听到奶奶说得这么严重，月月意识到问题的严重性，伤心地哭了起来。奶奶又安抚月月说："月月是个好孩子，月月说脏话是因为不知道说脏话不好，对不对？现在月月知道说脏话是不好的，奶奶相信月月一定能够做到不再说脏话了。"在奶奶的一番安抚下，月月的情绪才渐渐稳定下来。后来有几次，她又不小心说起了脏话，奶奶都假装没有听见。经过一段时间之后，月月真的忘记了这句脏话，又变成了那个听话乖巧懂事的好月月。

孩子的模仿能力是非常强的，有的时候他们无意间听到他人说脏话，虽然不知道脏话是什么意思，但是通过观察他人的言行举止和神情神态，他们就会知道脏话是一句非常有力量的话，因而就会学说脏话。当发现孩子说脏话的时候，除了要告诉孩子说脏话的负面作用之外，父母们最重要的是要漠视孩子说脏话的行为。有些父母一旦发现孩子说脏话就如临大敌，总是反复纠正孩子说脏话的行为，这反而会对孩子起到负强化作用。

事例中，月月奶奶的做法非常好。她在找到月月说脏话的原因之后，先告诉月月说脏话的危害，然后采取漠视的态度，哪怕听到月月再次说脏话，也不进行任何回应。这样一来，月月说脏话的行为就像是一拳头打在松软的棉花上，变得软绵绵的，毫无力道，所以她也就对说脏话失去了兴趣。

孩子说脏话有很大的负面作用，会严重影响孩子的人际交

往，因为没有人愿意被他人骂。如果孩子对他人说脏话，哪怕他人还是一个孩子，也会对此表示反感。有一些父母在听到孩子说脏话之后，会大吼大叫地训斥孩子，甚至还会打孩子。总之，父母们会想方设法地惩罚孩子，目的就在于帮助孩子改掉说脏话的坏习惯。但是如果父母反应过激，就会发现孩子非但没有改掉说脏话的坏习惯，反而大有愈演愈烈之势，这可怎么办呢？其实，这是因为父母选择了错误的应对方法。父母们都应该向月月奶奶学习，她对月月说脏话的行为做出了正确的应对，才能让月月在短时间内就改掉了说脏话的坏习惯。

除了模仿他人说脏话之外，有一些孩子之所以说脏话，是为了引起父母的关注。例如，有些孩子说脏话，父母非但不会批评孩子，还会因为觉得有趣而哈哈大笑，这就会使孩子误以为说脏话不是被禁止的行为，而是被赏识的行为，也就相当于变相鼓励了孩子说脏话的行为，这显然会使孩子变本加厉。

还有一些孩子虽然不知道脏话的真正意思，但是他们能够体会到他人之所以说脏话，是为了发泄愤怒或者是不满。那么当他们也感到愤怒或者不满时，就会脱口而出脏话。在这样的情况下，父母要教会孩子发泄情绪的正确方法，告诉孩子说脏话并不能发泄情绪，而是要通过其他方式才能发泄情绪。如果孩子有更好的渠道发泄情绪，他们自然就不会说脏话了。

小小年纪的孩子还非常的单纯，他们对于语言的运用和驾驭能力是有限的，有些孩子看似是在说脏话，实际上是因为他们在情急之下不知道应该使用哪些语言来表达自己的意思。例如，有些孩子说爷爷奶奶是坏蛋，是想指责爷爷奶奶的某些做法不恰当；有些孩子说某个小朋友是白痴，是因为他们不知道白痴真正的意思。如果孩子是因为这些原因而说脏话，那么父母可以引导孩子正确地表达，也教会孩子更多的词汇，这样孩子就不会因为用词不当而出口成"脏"了。

如果父母已经采取了上述的方法，也有的放矢地对待孩子因为不同原因而说脏话的行为，但是孩子却依然非常顽固地说脏话，那么父母就可以采取惩罚措施。青少年犯罪学心理研究专家李玫瑾教授曾经说过，父母可以适度惩罚孩子，这样能够让孩子长记性，帮助孩子确立行为的边界。当孩子说脏话变成故意的行为或者是屡教不改的行为，那么父母以恰当的方式惩罚孩子，这对于孩子而言会是一个教训，也会让孩子记住说脏话的行为是不被允许的。但是父母最好不要体罚或者是打骂孩子。面对说脏话的孩子，父母如果辱骂孩子，只会让孩子觉得说脏话是正确的应对方式。父母可以取消孩子的某些权利，或者是让孩子在某个地方静静地反省几分钟，这些都能够让孩子恢复理性，让孩子思考自己的行为是否恰当，让孩子深刻地反思自己的言行举止，从而有效地帮助孩子改正说脏话的错误行为。

孩子为何喜欢插话呢

周末，正在读研究生的小姨来家里做客。小姨还没有男朋友呢，所以每到周末就会来家里陪君君玩。君君呢，也很喜欢和小姨玩。但是君君有一个不好的习惯，就是每当小姨来的时候，即使已经陪他玩了很长时间，他也不知道满足。只要小姨开始和妈妈在说话，君君就会随意插话，妈妈为此批评过君君好几次，君君却不能改正这个坏习惯。

这不，小姨带着礼物来到家里之后，和君君玩了半天时间。中午吃完饭，小姨对君君说："君君，小姨和妈妈有话要说，这是很重要的事情，你能不能先去旁边看会儿电视呢？"听到小姨的话，君君虽然当即很顺从地去看电视了，但是在听到妈妈和小姨窃窃私语的时候，君君却瞬间觉得电视节目对他失去了吸引力。他凑到妈妈和小姨的面前，侧耳倾听妈妈和小姨所说的话。妈妈和小姨正说到重要的事情时，他突然对小姨说："小姨，小姨，你快去看看我的一个玩具！"有的时候，他也会对妈妈说："妈妈，妈妈，我口渴了，我想吃橘子。"总而言之，君君总是能找到各种话题打断妈妈和小姨说话。结果，妈妈和小姨说了很长时间也没有把那件重要的事情说清楚。

妈妈实在忍不住了，她对君君说："君君，妈妈在和小姨谈事情，你不能随意打断我们谈话，这样是不礼貌的。如果你这么不礼貌，小姨下次来就不会给你带礼物了。你还是去看电视吧,等你看完这集电视,我和小姨说完了,小姨还会陪你再玩一会儿的。"虽然妈妈已经把话挑明了,但是君君还是磨磨蹭蹭地停留在妈妈和小姨的身边,无奈之下,小姨只好告辞。她对妈妈说:"姐,晚上我给你打电话吧。"看到小姨走了,妈妈很生气,她冲着君君大吼大叫,狠狠地批评了君君。

事例中描述的情景在生活中经常发生。很多有孩子的父母对此都深有感触,他们不知道孩子为什么总是喜欢在大人说话的时候插嘴,大人越是不让他们插嘴,他们越是插嘴。有的时候,哪怕大人去让他们做平日里不被允许做的事情。例如,看电视、玩手机等,他们也不肯转移注意力,还是执着地停留在大人身边,找机会插话。这使得大人们之间想要安安静静地谈一些重要的事情,却不能够做到。

那么,孩子到底是为什么爱插话呢?实际上,对于孩子而言,爱插话是正常的行为表现。父母无需对此过于反感。只要对孩子加以引导,让孩子在大人谈重要的事情时有事情可做,不再过来插话就可以了。

孩子爱插话,与他们身心发展处于特殊的阶段也有关系。孩子往往好奇心特别强,而且他们精力充沛,对于任何事情都充满了兴趣,所以他们就会很好奇大人之间到底在说什么。又因为大人往往会采取一定的措施不让孩子听他们交谈,这就更加激发起了孩子的好奇心,反而使孩子的好奇心越来越强。

也有一些孩子之所以喜欢插话，是因为他们想要引起成人的关注，想要表现自己的独特。例如，有些孩子在家里来客人的时候，很想在客人面前展示才艺，也想吸引客人的关注。在这种情况下，父母可以安排一定的时间，让孩子表演才艺。等到满足了孩子表演的欲望之后，再安排孩子去做其他的事情，这样就可以安安静静地与客人沟通了。

父母之所以反感孩子插话，是因为他们觉得孩子插话是不礼貌的行为。的确，如果是在正式的场合里，孩子这样的表现是会引人反感的。但是在非正式的场合里，孩子这样的行为却是可以谅解的。但这并不意味着父母要对孩子插话的行为不管不顾，当父母意识到孩子喜欢插话之后，可以以正确的方式对孩子加以引导，对孩子进行管教和约束，这样孩子才能在下次类似情景中有更好的表现。

具体来说，父母要想改变孩子插话的坏习惯，要做到以下几点。

首先，父母应该言传身教，当着孩子的面不要随意插话，尤其是在孩子说话的时候，不要随意打断孩子。父母良好的表现会给孩子潜移默化的影响。在家庭生活中，父母之间、夫妻之间在交谈的时候也应该彼此尊重，不要总是在对方还没有说完话的时候就强词夺理，而是要用心地倾听对方，给予对方积极的回应，这些举动都会给孩子留下深刻的印象，让孩子进行积极的模仿。

其次，如果家里有客人要来，为了避免孩子出现人来疯的

情况，或避免孩子插话，父母可以提前和孩子做好约定，如给孩子安排一定的展示时间，让孩子招呼客人。这样在父母和客人谈话的时候，孩子就可以去做自己的事情，或者是看一部有趣的电影、书籍等等。这些都是很好的安排。在事先约定的情况下，如果孩子再插话，就会马上想起自己与父母的约定，从而有所收敛。

再次，也可以让孩子参与父母与客人之间的谈话。很多孩子的表现欲是特别强的，如果并不是正式场合里的正式交谈，也不涉及重要的问题，那么父母可以邀请孩子参与谈话。例如，父母之间在谈论话题的时候，可以让孩子发表意见，这样既可以给孩子发言的机会，也可以让孩子感受到自己是不可或缺的小主人，从而满足孩子的心理需求。

最后，当孩子渐渐地改掉了插话的坏习惯，能够在他人说话的时候耐心等待，也能够在发表意见的时候找到合适的时机，那么对于孩子的良好表现，父母要及时表扬，这样才能强化孩子好的行为。如果父母对于孩子做出的改变采取漠视的态度，也不给予孩子表扬，那么孩子就会因此而放纵自己的行为，表现得越来越糟糕。

人与人之间相处一定要进行交谈，对于孩子插话的行为习惯，其起到的影响还是非常大的。父母要对此引起足够的重视，从各个方面引导和帮助孩子，这样孩子才会有好的转变，也才能在人际交往中更加受人欢迎。

尊重是相互的

很多孩子不懂礼貌，尤其是不懂得尊重他人。在人际交往的过程中，尊重是相互的，一个人要想得到他人的尊重，首先应该尊重他人。如果孩子从来不尊重他人，必然也得不到他人的尊重，这使孩子在人际交往中陷入困境，或者被他人排斥和否定，或者被他人疏远，使自己处于孤立无援的状态中。

孩子不懂礼貌的行为表现有哪些呢？父母只要用心地观察就会发现。如果父母不知道孩子哪些举动是不懂礼貌的表现，就无法有意识地纠正孩子的错误行为。具体来说，有些孩子在家里不知道如何和长辈打招呼，不管是走出家门时还是回到家里时，看到长辈，他们就像没看到一样，仿佛进入了无人之境，这是极其不懂礼貌的行为。在学校里，有些孩子在课堂上不遵守课堂纪律，总是和其他同学讲话，或者是和其他同学打闹，这是不尊重老师的表现。在社会生活中遇到陌生人的时候，他们哪怕向别人问路，也没有称呼，对于熟悉的人往往既不直呼其名，也不给对方一定的称谓，而是以"哎哎"作为与他人打招呼的代词。还有些孩子在与同学交往的过程中，不懂得尊重同学，常常鄙视同学，或者给同学起外号，或者瞧不起同学的某些不足等，这些都是不尊重同学的表现。当孩子做出这些举动的时候，父母要引起注意，也要及时帮助孩子纠正不良行为，否则孩子在做出这些举动的时候既伤害了他人，也伤

害了自己，既让他人感到不舒服，也让自己的人际交往面临很大困境。孩子小时候接触的人比较少，随着渐渐长大，他们在生活和工作中都会因此而陷入困境，无法摆脱。

当然，培养孩子尊重他人的良好行为习惯是需要付出时间和心力的，要耐心地对孩子加以引导。很多父母一旦看到孩子不懂礼貌，就训斥孩子，就对孩子大喊大叫，或者强制要求孩子必须向长辈问好，要与同学友爱。其实父母这样的吼叫对于帮助孩子养成尊重他人的良好行为习惯毫无益处，反而会让孩子在不知不觉间模仿父母的样子，在与他人相处的过程中也大喊大叫，这样的结果当然是事与愿违的。

哪怕孩子表现得不尊重他人，父母也要知道孩子有可能是故意的，也有可能是因为他们不知道这样的行为举动是不好的。不管孩子出于哪种原因而做出这样的举动，父母都要对孩子动之以情，晓之以理，都要耐心地教育和引导孩子。具体来说，父母要做到以下几点。

首先，营造良好的家庭氛围，发自内心地尊重孩子。有些父母在家庭生活中总是处于居高临下的状态，对孩子发号施令，颐指气使，从来不懂得尊重孩子，认为孩子是父母的附属品或者是私有物，认为自己对孩子享有至高无上的权力。尤其是在孩子犯错误的时候，他们往往马上就对孩子做出各种过激的举动，甚至还会打骂孩子。试问：如果在家庭生活中，父母不能让孩子感受到尊重，那么孩子又如何会尊重他人呢？

李玫瑾教授曾经说过，孩子在小时候受到怎样的对待，他将来就会怎样对待这个社会。如果孩子小时候在冷漠的家庭环境成长，从来感受不到父母的爱，那么他对他人就会感情冷漠，也不会付出爱。如果孩子从小在暴力的环境中长大，那么他就会有暴力倾向。由此可见，孩子只有感受到父母的尊重，感受到家庭气氛的其乐融融，才能尊重他人，也才能对这个时代、整个世界心怀大爱。

其次，父母要为孩子树立良好的榜样，在日常生活中尊重身边的人，这样才能给孩子施加积极的影响。很多父母都没有意识到孩子的眼睛始终在看着自己，所以当他们当着孩子的面说他人的坏话，或者在与他人相处的过程中做出一些不礼貌的行为，都会给孩子造成负面影响。作为父母，要想培养出谦和有礼、懂得礼貌、尊重他人的孩子，自己首先要做到这些。正如孔子曾经说过的，爱人者人恒爱之，敬人者人恒敬者，父母要告诉孩子这个道理，并且让孩子牢记这个道理，孩子才会在各个方面做得更好。

最后，要持之以恒地对孩子进行礼貌教育，培养孩子尊重他人的传统礼仪。中华民族是文明古国，历史悠久，源远流长。尊重他人包括很多方面，不但要称呼他人，对他人言语谦恭，而且要尊重他人的民族习惯，尊重他人的宗教信仰，尊重他人的生活习惯，尊重他人的选择。当看到他人需要帮助的时候，要积极地对他人伸出援手；当需要向他人求助的时候，要使用文明礼貌用语，要恭敬地称呼他人等等。尊重他人还表现在与他人保持适度的社交距离，不要超越人际之间的界限，不要擅自动用他人的物品，也不要偷看他人的隐私等等，这些都是尊重他人的具体表现。

越来越多的孩子不懂得尊重他人。在家庭生活中，他们还能得到父母的宽容和谅解。等到长大了，离开了家，走入了学校这个大环境，或者进入了社会这个大环境，如果孩子依然不懂得尊重他人，就会招人忌恨。例如，在很多大学校园里，几个同学住在同一个宿舍里，如果有一个同学只顾自己开心而不管他人的感受，每天晚上都亮着灯看书，或者弄出各种响动打扰他人睡觉，那么其他同学就会对他产生很大的意见，导致同学之间发生矛盾，甚至做出一些过激的举动。

由此可见，尊重他人不仅仅是为了建立良好的人际关系。当我们坚持尊重他人，还能保护好自己，很多人正是因为不懂得尊重他人，才会激怒他人，导致受到他人的伤害。这显然是父母不想看到的。

尊重他人是一种优秀的品质，也是一种良好的习惯。父母不要奢求能够在短时间内帮助孩子养成尊重他人的好习惯，而是要利用生活的点点滴滴和各种各样的机会，对孩子开展持之以恒的教育，也要对自己高标准严要求，这样才能给孩子树立良好的榜样，最终让孩子发自内心地尊重他人。

在公共场所不能大声喧哗

教会孩子人情世故，让孩子懂得文明礼貌，涉及方方面面的事情。前文我们说要尊重他人，要给他人以合适的称呼等等生活细节，其实在现实生活中，还有很多细节需要关注。例如，在公共场合不能大声喧哗，就是尊重其他人的一种表现。不过，很多人都忽视了这一点，包括很多父母在内都不能很好地做到这一点。相信在看过本文之后，父母会意识到在公共场合里大声喧哗，是不尊重他人的表现，也会有效地改善自己的行为，并且对孩子开展适当的教育。

曾经有一位作家说过，在公共的场合里，安静是一种礼貌。当你的身边有其他人的时候，哪怕是音乐，也不要让它成为侵扰他人的噪音。这充分告诉我们，每个人都有各自的需求，我们不能为了满足自己的需求，就强迫他人接受。举例而言，在公共场合里看视频，我们一定要关掉声音。因为我们在看视频时需要听到声音，但是别人并没有在看视频，所以这种声音对于他们而言就是噪音。甚至一些高雅有格调的音乐，如果是在公共场合里空放出来，对于不需要它的人而言同样也是一种噪音。可见，尊重他人表现在每一个细节里。

那么，哪些场合是公共场合呢？在传统观念的影响下，很多人认为自己在公共场合里想做什么就可以做什么，只要不触犯法律就可以。其实这是因为文明的观念太过落后导致的错误思想。越是在公共场合里，我们越是要规范和约束自己的言行，要更多地考虑到他人的感受。很多场合都是公共场合，如课堂、教室、医院、餐厅、图书馆、公交车上、公交车站台等，这些都属于公共场合。在这些场合里，我们都应该保持安静。父母在意识到这一点之后，就要坚持培养孩子良好的素质，也让孩子展示出自身的教养。

很多孩子因为在家庭生活中已经习惯了打打闹闹，所以并不知道什么叫安静，更不知道什么是公共场合，也不知道为何在公共场合里要保持安静。这样的孩子不管走到哪里都会引人侧目，招人厌烦，也会让父母感到很丢面子。为了避免这样的尴尬，父母要坚持教育孩子，也要教会孩子更多做人做事的道理。

周末妈妈带乔乔去游乐场里玩。乔乔从来没有去过游乐场，长到六岁，这还是他第一次去游乐场呢！在游乐场里玩了整整一天，他把很多项目都玩儿了很多遍。乔乔兴奋极了。傍晚时分，妈妈带着乔乔坐上了长途大巴，准备回家。在长途大巴上，乔乔喋喋不休地对妈妈说着好玩的游乐项目："妈妈，我最喜欢玩旋转木马了。它居然有两层高，简直太神奇了，而且它还有音乐呢！我从来没有见过这么漂亮的旋转木马！"随着越说越兴奋，乔乔的声音也越来越大，妈妈赶紧把食指竖起来放在嘴边，提醒乔乔要小声一点。

乔乔不知道妈妈为何要这样做，他纳闷地问："我又没有

说错话，为什么要声音小一点？"这个时候，妈妈耐心地向乔乔解释道："这是在公交大巴上，是公共场合。公共场合里不仅有我们，还有别人，你看那边有个奶奶正在闭着眼睛睡觉呢。你大声说话，不但自己能听见，我能听见，那个奶奶也能听见，她不就没法睡觉了吗？你睡觉的时候，喜欢别人在你耳边大声说话吗？"在妈妈的启发下，乔乔恍然大悟地说："我明白了！"

然而，乔乔毕竟是个小孩子，自控力有限，常常忘了在公共场合里不能大声说话。说着说着，他的声音就会越来越大，妈妈只能一次又一次地提醒他。有的时候，妈妈刚刚把手指竖起来准备放到嘴边，乔乔就突然想起来这个道理。就这样，两个多小时的路程里，乔乔已经完全记住了这个规则。他有点纳闷地问妈妈："妈妈，哪些场合才是公共场合呢？"妈妈把公共场合列举给乔乔说，乔乔茅塞顿开："原来，老师不让我们在课堂上说话，是因为教室也属于公共场合呀！"

妈妈笑起来，说："在课堂里，只有老师和回答问题的同学能说话。如果别人也说话，那么老师说的话或者同学回答问题的声音，别人就听不到了。"乔乔重重地点点头。

在公共场合里，每个人都在做着自己的事情，一个人如果发出过于尖锐的声音，就会影响他人。有些孩子在公共场合里大喊大叫，肆意喧哗，父母为此严厉地训斥孩子。其实父母忘记了，在训斥孩子的同时，他们也在公共场合里大声喧哗了。作为父母，当发现孩子在公共场合里大声喧哗的时候，应该像乔乔的妈妈一样，竖起右手的食指放在嘴边，示意孩子小声一点，这样孩子就会知道自己应该停止大声吵闹。如果父母过于严厉地批评和训斥孩子，惹得孩子哇哇大哭，那么就会让整个环境更加嘈杂。

当然，孩子在公共场合里保持安静，这是父母更愿意看到的。那么，如何才能让孩子保持安静呢？

首先，要告诉孩子在公共场合里保持安静的必要性。

其次，要告诉孩子哪些场合属于公共场合。

再次，可以为孩子安排一些有趣的事情做。例如，和孩子一起玩游戏，给孩子看可爱的绘本，或者让孩子画画，或者玩玩具等。当孩子保持专注，就能把事情做得更好，当孩子专注于自己喜欢做的事情，就不会发出让人厌烦的噪音了。

最后，让孩子设身处地地感受在公共场合里被人吵闹的感觉。例如，事例中的妈妈就询问乔乔如果他在睡觉，是否喜欢别人在他耳边大喊大叫，乔乔马上就明白了大声喧哗会给他人带来多么糟糕的感受。在此过程中，父母还能培养孩子设身处地为他人着想的能力，也培养孩子共情的能力，可谓一举数得。

人们常说，什么样的父母教出来什么样的孩子。对于父母而言，对孩子开展这样的教育，前提是自己要意识到在公共场合里大声喧哗是不好的行为。如果父母自身就没有这方面的意

识，在公共场合里说话就像在家里说话一样大嗓门，那么就会给孩子负面影响，孩子无法意识到这样的行为是错误的，也就无法改正错误。

遵守规则，有序排队

社会生活之所以秩序井然，就是因为每个人都能主动遵守秩序。那么，社会秩序有哪些呢？最常见的就是排队。因为社会是大家的社会，每个人都在社会中生活，难免会出现扎堆的情况。一旦出现扎堆的情况，就需要维持良好的排队秩序，才能保证每件事情都能有序进行。如果大家排队的时候你挤我，我挤你，一拥而上，那么秩序就会特别混乱，谁也不能做到自己想做的事情。

如今中国大多数家庭中的孩子都是独生子女，他们从小就习惯了占有家庭所有优质的资源，吃家里所有好吃的，玩家里所有好玩的，而且不管是父母还是其他长辈，都会主动让着他们，凡事都让他们排在最前面。孩子长期在这样的环境中成长，渐渐地就会形成错误的自我认知，认为自己理所当然独占一份。孩子变得自私任性，心里只有自己，在进入社会生活中之后，他们就会因为不能谦虚礼让他人而不得不面对更多糟糕的情况。例如，有些孩子在公共场合里不愿意排队，总是想走在队伍的最前面,哪怕被别人批评了,也依然振振有词,觉得自己插队是有道理的。当孩子因为插队而在公共场合里被他人批评和指责的时候,父母一定觉得很丢面子,为了避免这种情况出现,父母在家庭教育中就要有意识地教会孩子排队,也要帮助孩子养成遵守规则的好习惯。

安静是一个非常乖巧的女孩儿,她听话懂事,但是她也有一个很不好的地方,那就是她是家里的独生女,家里不管有什么好事情都是先轮到她,这使她心中只有自己,没有他人。不管是吃饭还是做其他事情,她都只顾着自己。不仅如此,她还要求全家人都必须听她的呢!

一个周末,妈妈带着安静去大超市采购。超市里人很多,等到选购好所有的商品之后,收银台那里已经排了长长的队伍。安静看着长长的队伍,迫不及待地想喝她买的养乐多,但是妈妈坚持告诉她:"现在还没有付钱,养乐多还是超市的东西,不是咱们的东西,所以不能喝。对于超市里的所有东西,都必须付钱之后才能享用。"妈妈话音刚落,安静拿着养乐多跑到队伍的最前面,还冲着妈妈喊道:"妈妈,快来呀,快来呀!站在这里就能马上结账了!"看到安静的表现,她身后的那位叔叔笑着说:"小朋友,我们都在排队,你也要排队呀!"安静却大哭大闹起来:"我不要排队,我要第一个结账!我不要排队,我现在就要喝养乐多!"

叔叔看到安静的样子很无奈，只好说："好吧，那你先结吧。"妈妈觉得特别不好意思，赶紧走过去把安静带到队伍的后面，对安静说："安静，你虽然很着急想喝养乐多，但是每个人都很着急结账，他们说不定还要回家做饭，说不定也和你一样饿了，想吃购物筐里的面包。所以我们可不能跑到别人前面去啊，这样别人就会指责我们。那个叔叔之所以允许你先结账，是因为他觉得你是孩子，不想和你计较，但是他心里一定很瞧不起不排队的小孩。你想被人瞧不起吗？"听了妈妈的话，安静含着眼泪说："不想，但是我真的很想喝养乐多，我能不能先喝呢？"妈妈摇摇头说："养乐多还没有付钱，不能喝，必须付了钱之后才能喝。咱们就耐心地排队吧，很快就会排到的。你看，收银台的阿姨非常努力，动作很麻利，很快就轮到我们了！"在妈妈的安抚之下，安静这才乖乖地排队，虽然脸上带着泪痕，但是她再也没有提出不情之请。

在现实生活中，很多情况下都需要排队，例如上海迪斯尼每到了寒暑假或者是节假日，人就很多，上个厕所都要排很长时间的队。尤其是在那些热门的游乐项目前，更是排起了长长的队伍。平日里我们搭乘公交车或者是地铁的时候，因为等车的人多，也需要排队有序上车。孩子们中午在学校里吃饭，也要排队打饭，如果大家都一哄而上，那么谁也吃不到饭。由此可见，排队与我们的生活密切相关，所以父母一定要培养孩子

的等待意识，这样孩子才会遵守规则，乖乖排队。

在家庭中，孩子为何会养成不愿意排队，骄纵任性的坏习惯呢？这一点，父母要进行深刻的反思。孩子并不是天生就任性霸道，也并不是天生就喜欢跑到别人前面去插队，他们之所以这样，往往是因为在家庭生活中总是被父母娇纵宠溺。所以父母要告诉孩子排队的道理。具体来说，父母要做到以下几点：

首先，在家庭生活中，不要把孩子当成特殊的存在去对待。家庭成员应该是平等的。在有些家庭里，父母有好吃的会留给孩子吃，有好玩的会留给孩子玩，不管有什么好事都让孩子排在前面，无形中就使孩子形成错误的想法，认为自己理所当然就应该排在所有人的前面。为了改变孩子的错误思想，父母应该引导孩子学会等待，如吃饭的时候让长辈先吃，做一些事情的时候让长辈先做。当孩子在家庭生活中习惯于排队，他们在社会生活中就更能接受排队。

其次，要让孩子知道凡事都有先来后到，从而培养孩子耐心等待的习惯。先来后到是最基本的顺序，如果孩子总是后来却能够排到前面，那么他们就会无视规则，无视顺序。有的时候，孩子会出现比较紧急的情况，如尿急。在这种情况下，父母可以破例让孩子和队伍前面的人商量，得到允许后插队，这属于特殊情况。除了这种特殊情况之外，孩子应该乖乖地排队，遵守先来后到的秩序，也要耐心地等待。很多孩子都没有耐心，在家庭教育中，父母可以对孩子进行延迟满足的训练，

例如孩子渴了不要马上给孩子水喝，而是可以让孩子等两三分钟再喝水；孩子饿了不要当即给孩子吃饭，可以让孩子等十分钟再吃饭。这样一来，孩子渐渐地就能够学会等待，也能够控制自己。

再次，父母要以身作则。很多父母都不愿意排队，他们总是怀有侥幸心理，认为插队能够节省时间，也不会被他人指责，因而厚着脸皮插队。父母却忘记了孩子的眼睛始终在盯着父母看呢，他们把父母的一言一行都看在眼里，还会主动模仿父母的一言一行，所以父母切勿觉得自己的言行举止无关紧要。即使父母在社会生活中只是一个小人物，言行举止不会被狗仔队偷拍，孩子也是父母最忠心耿耿的小狗仔。因此，父母当着孩子的面一定要给孩子树立好榜样，这样才能强化孩子排队的意识。

最后，父母要让孩子意识到不排队会有怎样严重的后果，而且要在孩子主动排队时及时表扬孩子，这样才能强化孩子的好行为，也帮助孩子改正错误的行为。

总而言之，社会生活需要规则和秩序，每一个人虽然是社会生活中微不足道的一员，但是只有每个人都遵守社会规则，整个社会才会井然有序。每个家庭都是社会的最小单位，在家庭生活中，父母作为家庭内亲子关系的主导者，应该承担起教育孩子的重任，给予孩子积极正确的教育，这样孩子才能做出更好的表现，将来走向社会才能成为合格的社会成员。

第九章

鼓励孩子结交朋友，学会与同龄人相处

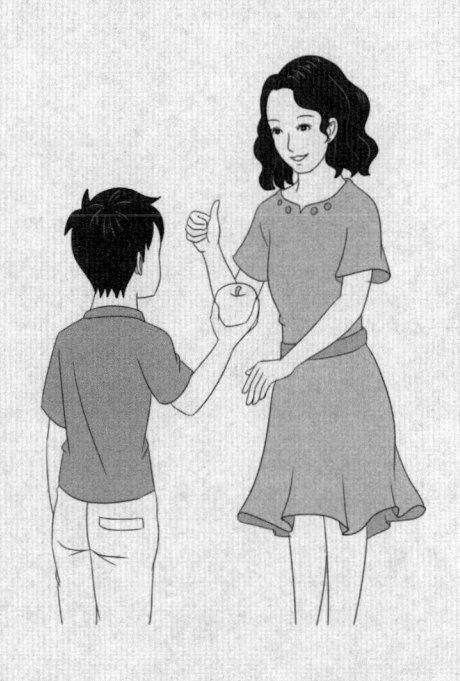

父母即使怀着一颗赤子之心与孩子相处，和孩子在一起疯玩，也不可能代替同龄人在孩子成长过程中的重要作用。同龄人对孩子的成长是非常重要的，孩子只有与同龄人在一起相处，才能学会更多的人际相处技巧，才能在与同龄人互动的过程中发展语言能力，才能体会和感受到更多的情绪情感。所以父母切勿禁止孩子与同龄人交往，而是要鼓励孩子多多结交朋友，在必要的时候，也要教会孩子处理人情往来的技巧，从而让孩子学会与同龄人相处。

鼓励孩子结交朋友，学会与同龄人相处　第九章

给孩子结交朋友的机会

佳佳是一个特别外向开朗的孩子，早在幼儿园时期，他就特别喜欢结交朋友。刚刚进入幼儿园的时候，他每天回家都会告诉妈妈他又结交了几个朋友。后来，佳佳从幼儿园毕业，进入小学一年级开始学习。佳佳更开心了，因为小学一年级足足有八个班，每个班都有40多个小朋友，他不仅在自己班里交朋友，还在其他班级里交朋友。妈妈担心佳佳因为结交的朋友太多影响学习，就对佳佳说："佳佳，以后不要到处交朋友。你看看，全校的同学都认识你，你的交际范围也太广了。你的朋友这么多，你还能专心学习吗？以后啊，你只能跟自己班级里几个学习优异的同学交往。"

听了妈妈的话，小小年纪的佳佳感到特别失落。为了让佳佳尽量少交朋友，妈妈还不允许佳佳放学后留在学校和同学们玩，更不允许佳佳参加学校的兴趣班。看到妈妈对自己控制得这么严格，佳佳越来越内向。有的时候，同学们之间组织活动，佳佳也不会主动参加。因为这些活动都是在周末，不得到妈妈的同意，佳佳是没有办法参加的。

有一次，班级里有一个同学过生日，邀请班级里大部分同学都去他的家里做客，也邀请了佳佳。佳佳特别想去，回到家里之后，他对妈妈说："妈妈，我想参加刘娜的生日聚会。

班级里有20多个同学都要参加呢！"听到佳佳这么说，妈妈当即否定："不行，生日聚会有什么好参加的？你去参加生日聚会，还要带着礼物。而且这次人家生日聚会请了你，下次你过生日岂不是也要请人家吗？妈妈可没准备给你举办生日聚会呀！"听到妈妈的话，佳佳伤心地低下了头。后来，佳佳再次向妈妈申请去参加刘娜的生日聚会，却被妈妈大吼大叫地批评了一通。佳佳彻底绝望了，再也不对妈妈提这件事情了。

自从佳佳拒绝参加刘娜的生日聚会之后，小伙伴们越来越远离佳佳，佳佳很自卑，因为小伙伴们在一起玩耍都有共同语言，但他却因为很少参加小伙伴的聚会活动，所以很难融入小伙伴们的团体之中。后来，佳佳的人际沟通出现了严重的问题，他很少和老师说话。课堂上，即使老师提问他，他也常常沉默不语。

父母只关心孩子的学习，也只要求孩子在学习上有良好的表现，而忽略了孩子的身心健康成长。对于孩子而言，在成长的过程中，他们一定需要同龄人的陪伴。现代社会中，大多数家庭里都只有一个孩子，这使得孩子从出生之后就习惯了独自玩耍，孤独地成长。父母如果用心观察，就会发现很多孩子在玩游戏的时候都会念念有词，其实这是孩子在和他假想中的同伴进行交流呢！由此可以看出，孩子们真的非常渴望同龄人的陪伴，也渴望得到机会与同龄人一起玩耍。

鼓励孩子结交朋友，学会与同龄人相处　第九章

两岁前后，孩子的自我意识越来越强，产生了交朋友的心理需要。这是因为他们想在与朋友的交往过程中获得能力的成长，体验到各种快乐，也能够向朋友学习经验和技能，还能在与朋友交往的过程中发展人际能力。只有融入同龄人的团队，孩子才会获得安全感，也才能形成归属感，否则孩子就会因为孤独和寂寞而感到恐惧，甚至产生严重的焦虑，这都会损害孩子的心理健康，使孩子在成长的过程中变得畏缩胆怯，出现社交退缩行为。

有些父母对此进入误区，他们认为如果自己可以腾出更多的时间陪伴孩子，这比让孩子跟同龄人相处好得多，因而孩子就不再需要与同龄人相处了。其实，父母的陪伴和同龄人的陪伴，对于孩子而言具有完全不同的意义。在父母的陪伴中，父母更多地照顾和保护孩子，而只有在与同龄人相处的时候，孩子才能学会协调人际关系，也才能踏上社会化进程。所以父母一定要鼓励孩子结交朋友，也要支持孩子与朋友相处。

首先，如果家里只有一个孩子，并且父母们本身也是独生子女，这使孩子没有表兄弟姐妹，那么，父母就可以多多带着孩子在小区的公园里玩耍，或者带着孩子参加亲子活动，这样孩子就可以与更多的同龄人相处。

其次，当孩子选择朋友的时候，父母最好不要加以干涉。很多孩子进入学龄期之后，父母就会要求他们只能跟学习上出类拔萃的孩子交往，而禁止他们与那些学习成绩一般的孩子相

处。这限制了孩子交友的自由。也有一些孩子喜欢和比自己年龄大的孩子相处，或者与比自己年龄小的孩子相处，父母也不要对此提出意见。其实父母无需过多地干涉孩子交友的自由。俗话说，三人行必有我师，孩子不管与怎样的小朋友交往，只要小朋友的品行端正，就会对孩子的成长起到促进作用。

再次，父母要尊重孩子的朋友。很多父母在发现孩子结交的朋友不能让他们满意的时候，就会对此表示抗拒或者持有反对的观点，也会做出不尊重孩子朋友的行为，这些举动不但会伤害孩子的自尊心，还会让孩子与父母疏远。作为父母，虽然生养了孩子，但是一定要与孩子保持适当的距离，也要确立亲子相处的行为边界。例如，父母不要干涉孩子的交友自由，要尊重孩子，也要尊重孩子的朋友，这样孩子才会有面子，父母也才能与孩子之间建立良好的关系。

最后，父母要鼓励孩子多多参与集体活动。在集体活动中，孩子有机会与更多的人相处，使自身各方面的能力都得到锻炼。对于学校里开展的集体活动，如各种竞赛，父母要鼓励孩子积极参与。很多父母担心孩子参加太多的集体活动会影响学习，其实这样的担心完全是多余的。要知道，孩子的学习是全面立体的，并不只有学习知识这一个方面，孩子必须全面发展才能身心健康地成长，所以父母鼓励孩子参加集体活动，孩子还可以在集体活动的过程中认识更多的同龄人，也会见识到更多的同龄人，更可以向同龄人学习优点。

这对于孩子的成长是大有裨益的。

总而言之，父母要给孩子提供充分的交际机会，即使没有机会，也要为孩子创造机会。对那些乐观开朗的孩子，父母要支持和鼓励孩子结交朋友；对那些内向的孩子，父母要创造机会，引导孩子结交朋友。

让孩子独立解决人际冲突

孩子们在一起玩耍很容易发生争执和吵闹。在孩子交往的过程中，这是正常现象。所以当发现孩子之间产生矛盾的时候，父母无须感到惊慌，而是要给予孩子独立解决冲突的机会。很多父母一旦发现孩子之间开始闹矛盾，当即就冲上前去，恨不得代替孩子解决矛盾。其中，有一些父母会护短，他们护着自家的孩子，狠狠地批评对方的孩子；还有一些父母不由分说地就先批评自家的孩子，要求自家的孩子道歉。不得不说，这样的两个极端都是不正确的。理性的父母在孩子发生矛盾和冲突的时候，会先站在一旁观察，在确定孩子安全无恙的情况下，可以给孩子们一定的时间，让孩子尝试着独立解决冲突。给孩子留时间是因为孩子在发生矛盾冲突的时候，情绪肯定容易冲动，必须经过短暂时间的处理和冷静，他们才能够恢复理性。

大多数父母都认为孩子还小,没有能力解决矛盾冲突,所以他们很少给孩子这样的机会。尤其是在一个家庭里有不止一个孩子的情况下,每当孩子之间发生冲突,父母总是第一时间冲上前去,这对培养孩子独立解决冲突的能力是极其不利的。虽然父母认为自己有丰富的经验,但实际上父母并不了解孩子真实的想法和做法。有些父母简单粗暴的做法会伤害孩子稚嫩的心灵,让孩子对父母心生意见;也有一些父母会采取简单粗暴的方法,暂时缓解孩子的矛盾,而这并不能从根源上解决问题。和前文我们所说的一样,父母不可能每时每刻陪伴在孩子身边,那么,父母要教会孩子处理好与小伙伴之间的矛盾和争执,这样等到下次再遇到相似的情况时,孩子们就会表现得更好。

在解决孩子们之间矛盾冲突的时候,父母一定要坚持公正公平的原则。当然,当孩子与别人家的孩子发生矛盾时,父母不要偏袒自家孩子;当自家的多个孩子发生矛盾时,父母一定不要偏向,否则就会让孩子产生心理不平衡的现象,也会导致孩子彼此嫉妒,彼此憎恨。如果父母总是为孩子解决这些问题,那么孩子就会对父母形成更强的依赖性。每当遇到类似的问题,他们非但不能动脑思考问题,反而会马上向父母寻求帮助。

父母必须认识到一点,那就是成人思维的方式与孩子思维的方式是不同的。很多问题在成人眼中是非常严重的,这是因为成人会把问题扩大化。但是对于孩子而言,他们会觉得这

些问题无关紧要。也许在跟同伴发生矛盾和争执的那一刻，他们还在情绪冲动，但是在过了这一刻之后，他们又会玩到一起去，很快就把那些不愉快都忘记了。所以成人介入孩子的矛盾还会产生一个很糟糕的后果，那就是成人之间发生了严重的争吵，而孩子之间已经和好如初。这会使成人之间的关系变得紧张恶劣，所以他们会要求孩子不在一起玩，这对于孩子的心理也是一种伤害。

前文我们说过，要让孩子独立做自己的事情，那么解决与同伴之间的矛盾冲突也应该是孩子自己的事情，所以父母不要总是对孩子横加干涉。不可否认的是，孩子的能力的确有限，他们解决冲突和协调矛盾的能力也都正处于发展的过程中，在这种情况下，父母更要尊重孩子，也要给予孩子更好的引导和帮助。如果孩子本身心思狭隘，在与同伴发生冲突的时候情绪非常冲动，想要采取过激的举动，那么父母要及时制止孩子，否则孩子就会越来越小肚鸡肠，将来长大成人之后，在人际交往过程中也会面临很大困境。

父母还要摆正自己的位置。很多父母都会自以为是，他们认为自己掌握了很多知识，也拥有更丰富的人生经验，因而认为自己可以充当高高在上的裁判官或者总裁官，甚至认为自己是孩子的保护伞，理应保护孩子，避免孩子受到任何伤害。实际上，在冲突的过程中，父母这样的做法反而会给孩子带来伤害。

父母不要代替孩子解决问题，也不要轻易介入孩子之间的矛盾，但是父母可以教会孩子处理问题的原则，也告诉孩子如何明辨是非，让孩子具备独立解决问题的能力，这样的教育对孩子才是更为负责的教育。具体来说，当孩子之间发生人际冲突的时候，父母应该如何做？

首先，让孩子独立面对人际交往的问题，尝试着自主解决人际冲突，这是我们在这篇文章中一直在强调的。父母不要轻易介入孩子之间的矛盾，更不要帮助孩子解决问题。哪怕孩子能力有限，不能解决这么复杂的问题，父母也应该引导孩子进行深入的思考，让孩子尝试着做得更好。等到确定孩子无法处理这个问题或者是孩子感到非常困惑的时候，父母再以恰当的方式指导孩子，这样才能给孩子以帮助，也才能让孩子快乐成长。

其次，对于孩子之间的冲突，父母要保持理性。很多父母一旦看到自家孩子吃亏，被别人打哭了，或者是自家孩子打哭了别人，马上就会情绪激动。在这样的情况下，父母如何能够保持理性呢？任何事情都是有来龙去脉的，父母一定要了解清楚事情的真相，知道整个事情发展的脉络，而不要听信自家孩子或者别人家孩子的片面之词。只有掌握整个事情的情况，父母才能更加公平公正地裁决这件事情，也才能给予孩子合理的建议。

再次，孩子之间不管是发生冲突还是矛盾，一旦升级到肢体冲突的程度，就一定要避免伤害行为的发生。不管是其

他孩子伤害了自家孩子,还是自家孩子伤害了其他孩子,只要孩子们发生了肢体接触,父母就要及时制止,并且把相互厮打的孩子们分开,这样才能避免事情恶化。控制好事态之后,父母需要通过询问双方了解事情的真相,这才是正确的做法。

最后,有的时候孩子之间发生冲突,父母未必在身边,那么父母该如何教育孩子呢?父母在日常生活中就可以教会孩子很多面对冲突的方法。例如,孩子们因为生气而陷入冲动愤怒的状态之中,父母可以告诉孩子使用转移法分散自己的注意力,让自己忘记那些不开心的事情,变得开心起来;或者让孩子暂时离开事发地当地,避免看见那个让自己心烦的人,从而帮助情绪恢复平静。如果孩子心中郁积着很多负面情绪,那么父母还可以教会孩子以积极的方式发泄情绪,如让孩子在操场上跑步,或者是在空旷的地方大声喊叫,或者做一些自己喜欢做的事情,如绘画、唱歌、喝冷饮等,这些都是非常好的方式,能够帮助孩子宣泄负面情绪,从而避免孩子冲动。

人们常说,有人的地方就有江湖,其实所谓的江湖就是人际之间复杂的矛盾和冲突形成的一个平台。面对人际冲突,孩子一定要有独立解决的精神,也要能够在解决问题的过程中给予自己更好的帮助。父母不要小瞧孩子之间的矛盾冲突,父母采取怎样的态度对待这件事情,将会对孩子造成深远的影响。有些孩子总是依赖父母解决人际冲突,那么,等到孩子离开父母的身边,去到更广阔的天地里成长时,面对复杂的人际关系，他们就会觉得无所适从。作为父母，教育孩子要有长远的目光，父母不可能陪伴和保护孩子一辈子，只有让孩子学会独立解决各种问题，孩子才能从容地面对人际交往和社会生活。

鼓励孩子多多与人合作

现代社会，每个人都术业有专攻，分工与合作越来越密切。要想完成一项艰巨的任务，只靠着自己的力量是很难以完成的，必须结合身边或者是团队中其他人的力量，才能增强个人的力量，以集体的形式最终成功地完成某项任务，这就凸显出团结合作的重要性。

大多数孩子都是家中的独生子女，他们理所当然占有家中所有的优势资源，这使得他们对于团结合作并没有明显的意识。有些孩子不管做什么事情都以自我为中心，很少考虑到他人的感受，这就使得他们在人际交往的过程中因为过于自我，而常常与他人发生矛盾，也使得合作面临很多困难和障碍。

要改善孩子以自我为中心的思想，父母应该从小就有意识地培养孩子的合作精神，让孩子学会接受他人，能够主动地融入集体之中。如果说一个人是一滴水，那么这滴水只有融入大海才能波澜壮阔，否则这滴水独自落在沙漠里，马上就会被沙漠吞没或者是被蒸发到空气中。由此可见，团结合作是非常重要的。

鼓励孩子结交朋友，学会与同龄人相处 ○第九章

父母作为成人，在工作的过程中会有很深刻的感受，也深刻意识到要想在现代社会中立足，为自己赢得一席之地，证明自己的能力和价值，学会合作是孩子必不可少的重要能力之一。孩子只有具备合作的精神，拥有合作的意识，并且具备合作的能力，才能在团队之中证明自己的实力，也才能得到其他队员的接纳，这会大大提高孩子成功的可能性。在教养孩子的过程中，父母应该如何做，才能让孩子真正意识到合作的必要性，也积极地与他人开展合作呢？

首先，要引导孩子多多参加集体活动。很多孩子从小就是独生子女，他们在家中孤独寂寞地长大，很少与同龄人相处，所以未曾真正体验到与同龄人相处的乐趣。等到进入幼儿园之后，尤其是在进入小学一年级之后，父母要鼓励孩子多参加集体活动。在集体活动中，孩子既可以锻炼自己各个方面的能力，也可以与团队成员合作完成很多艰巨的任务，这样就会渐渐地改变孩子内向自闭的性格，让孩子变得乐观开朗大方。尤其是对于那些从小就已经习惯了孤僻，总是一个人默默独处的孩子，父母更应该鼓励孩子积极参加集体活动，相信随着参加集体活动的次数越来越多，孩子们一定会感受到更多的快乐，也就会渐渐地打开心扉，真正地融入集体。

其次，有些孩子之所以不愿意与人合作，是因为他们非常骄傲，特别自负。这些孩子只看到自己的优势和长处，而没有看到别人也有优势和长处。他们生怕在合作的过程中给自己

带来困扰,甚至觉得小伙伴没有足够的能力与自己合作。这样的孩子就会对合作怀有非常消极的态度。要想让合作积极地开展,快乐地进行,孩子必须学会接纳和欣赏自己的小伙伴。父母在发现孩子过于骄傲自负的时候,一定要告诉孩子尺有所短、寸有所长的道理,让孩子既认识到自己的优点,也认识到自己的不足,既认识到他人的不足,也认识到他人的优点,这样孩子才能发自内心地接受集体中的小伙伴,也才能与小伙伴取长补短,团结合作。

再次,让孩子在合作中获得成就感,感受到成功的喜悦。合作的目的就是集合大家的力量,完成艰巨的任务。对于孩子而言,如果他们和小伙伴们在一起完成了只凭着自己的力量无法完成的某项艰巨任务,他们就会感到非常兴奋。在此过程中,他们会获得成就感,这也会激励他们更加积极地投入合作之中。当然,并不是所有的合作都能够获得好结果,父母还要让孩子以平常心面对结果。

每一次挑战都既有成功,也有失败,合作就有可能获得成功,也有可能遭遇失败。当孩子失败的时候,父母不要嘲笑打击孩子,而是要带着孩子一起分析失败的原因,引导孩子找到下次获得成功的有效方法。在此过程中,父母们要让孩子学会接受失败,因为即使失败,也可以从失败中汲取经验和教训。

最后,改变孩子个人英雄主义的想法。很多孩子为了凸显自己,不管做什么事情都不愿意与他人合作,他们认为自己的

能力是最强的，也对自己的能力过于高估，这使得他们在团队合作中唯我独尊，处处不愿考虑他人的感受。有的时候，他们还会为了凸显自己的能力逼着他人让步，在这样的情况下，团队成员之间如何能够真诚地合作呢？既然要合作，就一定要个人服从大局，既要坚持自己的主见，也要让自己的主见服务于团体的决定。尤其是在与合作伙伴相处的过程中，孩子必须发自内心地尊重和信任合作伙伴，才能得到合作伙伴的尊重和信任。只有在彼此尊重和信任的关系中，团体成员才会有更加出色的表现。

教孩子与人分享

现在的孩子分享意识越来越淡薄，他们从小到大，心里只有自己。他们心安理得地享受父母和长辈的照顾，因而养成了自私自利、霸道任性、以自我为中心的思维习惯。他们对于自己所拥有的东西往往不愿意与他人分享，这使得他们在社会交往中不能得到他人的欢迎，也不能与朋友进行深入的交流，因而达不到知心的程度。这样的孩子在小时候就表现得这么吝啬，将来长大之后想融入社会是非常困难的。父母要想给予孩子更好的引导和教育，就要教会孩子学会分享，这是因为孩子在社会化进程的过程中必须学会分享，才能更好地立足于社会。

有些孩子有了好吃的、好玩的，甚至不愿意和自己最亲近的父母或者是其他长辈分享，这样的孩子在将来走上社会之后，又怎么可能愿意与他人分享呢？父母在培养孩子的过程中一定要有意识地培养孩子的分享意识。对于家里的很多好资源，不要让孩子独享。记得一位妈妈有一个教育自家的孩子独到的方法。大多数妈妈在有了好吃的东西时都会留给孩子独享，但是这位妈妈不管孩子在吃什么，都会要求孩子与他分享，哪怕只是象征性地咬小小的一口，她也会在孩子吃的东西上咬下一口吃掉。正是因为妈妈的这个习惯，所以孩子不管吃什么东西都会先送给妈妈吃，妈妈也从来不客气，会把孩子的东西吃掉或多或少的一部分。在这个过程中，孩子形成了分享的意识，渐渐长大之后，孩子拥有了很多朋友，他也会与朋友们分享。这是因为分享的意识已经在他心中扎根，他心甘情愿地与所有人分享，并且从中得到快乐和满足。

那么，为何大多数孩子都不愿意分享呢？大概在两岁前后，孩子渐渐地形成物权意识，他们会把一个物体据为自己所有，而且很怕别人把这个东西夺走。正是因为物权意识的形成，孩子才会渐渐地知道东西的归属。在孩子不能区分某个东西是自己的还是他人的情况下，孩子会对东西表现得毫不爱惜，这其实不是乐于分享的表现。只有在形成物权意识的情况下，如果孩子还愿意把东西与他人分享，这才说明孩子真正形成了分享的意识。父母要抓住这个好机会，培养孩子的分享意识。

对于那些不愿意分享的孩子，父母要弄清楚孩子不愿意分享

的真正原因。例如，有的孩子之所以不愿意分享，是因为他们认为一旦分享就会失去；一旦分享了，自己就没有了。面对这样的取舍，孩子的确很难做出选择。父母要告诉孩子分享的真相，即分享不是失去，而是与对方共同拥有，是把一份快乐变成两份快乐。这样想来，孩子就会很愿意与他人分享，这是互利的行为。

要想培养孩子分享的品质，在家庭生活中，父母要引导孩子分享。在孩子与小伙伴交往的过程中，父母可以创造很多机会，让孩子把喜欢的东西分享给小伙伴们。有些父母发现孩子分享的时候非常心疼，这其实是父母错误的教育导致的。例如，孩子把父母花费昂贵价格买回的零食带到学校里与同学们分享，父母会告诫孩子："这个东西是很贵的，妈妈专门买给你吃的，你如果给其他小朋友吃了，就把咱们家的钱浪费了。"听到妈妈这么说之后，日久天长，孩子还愿意分享吗？孩子当然不愿意再分享。所以父母不要因为心疼小小的东西就给孩子灌输错误的观念，否则一定会追悔莫及。

其次，是否愿意分享不仅影响到孩子现在能否结交到更多朋友，也影响到孩子长大成人之后的社会交往。父母要有长远的目光，不要心疼小小的钱财，就禁止孩子分享，就阻碍孩子成长。父母可以创造一些机会，引导孩子分享。例如，如果妈妈很擅长做蜂蜜烤翅，那么可以做一些蜂蜜烤翅让孩子请小朋友们吃。如果家里有美味的蛋糕，父母还可以让孩子邀请小朋友来家里做客，并且鼓励孩子把自己的玩具都拿出来给小朋友们玩。这些举动都可以在孩子小时候就引导孩子去做，可以对孩子起到潜移默化的教育作用。

最后，当孩子积极地分享时，父母一定要及时地表扬孩子，这样才能强化孩子的分享行为。每个孩子都渴望得到父母的认可与肯定，在得到父母的鼓励之后，孩子会更加积极地做这些事情，这样就能强化和巩固孩子的良好行为习惯，也能为孩子的成长奠定坚实的基础。

面对不情之请，请说"不"

很多孩子从小就习惯了接受父母的安排和指令，这使得他们在长大之后，哪怕对于他人的意见或者安排并不认可，也不敢表达拒绝之意。殊不知，现实生活中，很多人是特别强势的，而且也会别有用心。一旦他们发现孩子不懂得拒绝或者是不敢拒绝，就会利用孩子的这个弱点欺负孩子。每个父母都希望自家的孩子是不卑不亢、落落大方的，既能做到乐于助人，也能做到保护好自己，而且做事情有分寸，拿捏好尺度。既然如此，父母就要从小培养孩子敢于拒绝的勇气，这样孩子才能在面对他人的不情之请时坚决地说"不"，而且不至于因此得罪对方，或者感到愧对对方。

虽然乐于助人是一种非常优秀的品质，但是每个人的能力

是有限的，时间和精力也是有限的。如果孩子总是不懂得拒绝他人，答应了他人的不情之请，却又因为各方面能力的限制而无法兑现承诺，那么他们即使付出了很多，也依然会遭到他人的诟病。尤其是当他人对孩子努力的结果感到不满意的时候，非但不会感激孩子的付出，反而会对孩子怨声载道，这对于孩子将会是沉重的打击，也会影响孩子建立良好的人际关系。

父母要告诉孩子的一点就是，在这个世界上，没有人是无所不能的，一个人不管多么努力，都不可能得到所有人的认可和满意。所以在拒绝那些提出不情之请的人时，孩子完全无须感到愧疚。既然对方能够厚着脸皮对我们提出不情之请，那么我们当然有权利表示拒绝。很多孩子因为老实怯懦，明知道别人的要求是不合理的，也会勉强自己接受，还会竭尽全力地努力去做。然而，很多事情的结果都不是以我们的主观意志为转移的，与其等到做了事情而没有达到预期的结果时感到懊悔，还不如从现在开始就坚决主动地保护自己，这样孩子才能够占据主动。

其实不仅仅孩子不懂得拒绝他人，很多成人也不懂得如何拒绝他人，他们就是人们常说的老好人、滥好人。意思就是说他们只知道当好人，却不知道保护自己。有的时候，好人非但没有当成，反而还为此给自己惹出了很多麻烦，使自己的生活也变得一团糟，这当然是人们都不愿意看到的。

父母如何引导孩子说不呢？

首先，父母要告诉孩子每个人都有权利接受他人的请求，也有权利拒绝他人的请求，这是人正常的权利，而并不是故意与他人过不去。当孩子意识到这一点之后，他们在拒绝他人的时候就不会感到愧疚，尤其是面对那些提出不情之请的人。孩子会想：既然他们知道这个请求会让我为难，为何还要提出这样的请求呢？面对这样的人，孩子没有必要为了给他们面子，就打肿自己的脸充胖子，最后只能是哑巴吃黄连，有苦说不出。

其次，在拒绝他人的时候要讲究方式方法。同样是拒绝，如果我们居高临下地拒绝，就会给对方留下恶劣的印象；如果我们能够恰当表达，那么就可以给对方台阶下，让对方不至于觉得面子上太难堪，因而对我们怀恨在心。例如，我们可以先贬低自己，再抬高他人，或者列举自己实际的困难，这样能够让对方更容易接受我们的拒绝。

最后，在拒绝他人的时候，要表达得清楚准确。很多孩子不好意思拒绝他人，在拒绝的时候往往含糊其辞，一旦给他人造成误解，就会导致结果更糟糕。父母要教会孩子准确清晰地表达拒绝之意，这样孩子才不至于因为拒绝不到位而与他人发生矛盾，招致抱怨。

总而言之，拒绝他人既要阐明理由，又要保全他人的面子，还要考虑他人的心情，不让他人感到尴尬。只有面面俱到，孩子的拒绝才能恰到好处。孩子拒绝他人的能力并非与生俱来，也不是在短时间内就能提升的，父母要有足够的耐心对待孩子，引导孩子合理地拒绝，这样才是最好的做法。

第十章

做孩子的心理医生，给孩子爱与自由的成长环境

父母要想保护孩子健康快乐地成长，不但要当好孩子的保护神，陪伴着孩子，还要做孩子的心理医生。很多孩子之所以行为上出现问题，与父母之间的关系剑拔弩张，就是因为他们在心理上出现了偏差。作为父母，要为孩子营造充满爱与自由的成长环境，也要时时刻刻对孩子进行心理疏导，这样孩子才能身心健康地成长。

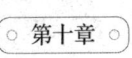

不攀比，成长更从容

从心理学的角度来说，具有攀比心理的人争强好胜，喜欢与他人之间展开竞争，每当看到他人拥有了好东西，而自己却没有的时候，他们就非常着急，迫不及待地希望自己能够拥有比他人更好的东西，也能够表现得比他人的表现更好。实际上，攀比心理并非异常心理。每个人都有攀比心理，那么，为何有些人因为攀比而做出过激的举动，而有些人却能够在攀比的过程中督促自己不断努力，达到既定的目标呢？这是因为他们的自我引导不同。

成人也有攀比的心理，只不过成人的自控能力更强，所以他们会在羡慕他人，与他人攀比的过程中激励自己努力向上。然而，孩子的自控力比较差，他们没有判断是非的标准，所以很容易在与他人攀比的过程中陷入欲望的深渊。每当比不过他人的时候，孩子就会回到家里，向父母索要各种东西。这个时候，父母要对孩子进行正确的引导，而不要一味地满足孩子的攀比心理，为孩子提供各种条件与人攀比，这样做只会助长孩子的虚荣心，使孩子变得更加贪婪。

人们常说，欲望是无底的深渊。当孩子坠入到欲望的深渊之中时，父母即使拼尽全力，也未必能够满足孩子所有的欲望，这使得孩子非但不会对父母心怀感恩，反而会对父母心怀怨恨。有一些孩子抱怨父母没有为他们提供更好的成长条件，没有为他们提供更优渥的经济条件，因而对父母感到不满。当父母不能满足他们的欲望时，他们还会铤而走险，触犯法律，不但伤害了他人，也葬送了自己的一生。由此可见，攀比心理尽管不会当即就引起恶劣的后果，但是如果不对孩子攀比心理加以正确的引导，那么孩子就很可能因此而走上人生的歧途。

娜娜考上了大学，全家人都感到特别高兴。大学学费要两万元，爸爸妈妈当即东拼西凑地借这笔钱。爸爸妈妈都是普通的工薪阶层，这些年来供给娜娜吃喝拉撒还要供她读书，所以手中并没有存款。爸爸妈妈好不容易才借够了两万元钱，眼看着距离大学开学只有几天的时间了，娜娜突然对妈妈说："妈妈，我想要一个笔记本电脑。听说在大学里，人手一台笔记本电脑。"

听到娜娜提出这样的请求，妈妈面有难色，但是她转念一想：孩子已经是大学生了，笔记本电脑不是大学生的标配吗？不能让孩子在学习上缺少东西，否则孩子怎么学习呀？这么想来，妈妈答应了娜娜的请求。她忐忑地问："一台笔记本电脑要多少钱呢？得四五千块钱吧。"娜娜点点头说："四五千只能买到最普通的，咱们去卖电脑的地方看看吧。"

娜娜哪里知道父母为了帮她凑学费，已经借遍了所有的亲戚朋友。为了给娜娜买电脑，爸爸不得不找人办了一张信用

卡，从信用卡里套现5000元钱。妈妈拿着这5000元钱陪着娜娜去买电脑，然而娜娜直奔苹果电脑专卖店。在苹果电脑专卖店里，妈妈不由得心慌意乱，原来苹果电脑专卖店里一台普通的笔记本电脑就要上万块。娜娜似乎早就已经确定了购买目标，她直奔苹果三件套而去。苹果三件套的价格更是贵得离谱，2万元钱都买不下来。

这个时候，妈妈赶紧拉着娜娜走出专卖店，对娜娜说："娜娜，爸爸办了信用卡，才套出这5000元钱现金。如果你要买苹果电脑，咱们没有那么多钱。"娜娜当即哭起来，说："我就想要苹果电脑三件套。在高中的时候，我们好多同学都有这个了，我现在都上大学了，为什么不能有呢？我就要，我就要！要不然，我就不去上学了，还不够丢人的呢！"听到娜娜的话，妈妈发愁得哭了起来，马上给爸爸打电话。在电话里，爸爸气得大吼大叫："还买什么买，赶快回家吧，别买了！大学想上就上，不上拉倒，她以为她是在为我们上学吗？"妈妈可不舍得让娜娜错过上大学的机会呀，因而更加发愁了。

在这个事例中，娜娜就是攀比心理在作怪。她从上高中的时候看到同学拥有苹果三件套，就非常羡慕，也想跟同学比，但是她知道没有办法向爸爸妈妈开口。借着考上大学这个全家人都很高兴的机会，她就张开了口，却没想到爸爸妈妈根本没有那么多钱。难道上大学没有笔记本电脑就会被人嘲笑或瞧不起吗？这只是娜娜的想法而已。在大学里，也不可能每个学生都有苹果三件套，甚至不是每个学生都有笔记本电脑的。孩子只要真心地想学习，他们就能克服各种困难，学得越来越好。

为了帮助孩子改变盲目攀比的心态，父母应该从小就教会孩子脚踏实地，务真求实，而不要无限度地满足孩子的欲望，更不要纵容孩子与人攀比。具体来说，父母要做到以下几点：

首先，拒绝孩子的不合理要求。很多父母对孩子提出的要求总是全盘答应，哪怕知道家庭的经济情况不足以满足孩子的要求，他们也会勉为其难地满足孩子的欲望。他们咬紧牙关，背地里偷偷吃苦，却从来不愿意让孩子失望。他们原以为这样就是爱孩子的表现，却不知道在不知不觉之间，孩子的欲望越来越多，他们的欲望就像一个无底的深渊，不仅吞噬着父母，还要吞噬整个家庭。有些父母因为总是纵容孩子，最终反而被孩子怨恨，甚至是被孩子伤害。

父母要告诉孩子一个道理，即每个人的愿望不可能全都得到实现，在这个世界上生存，谁还没有一些遗憾的事情呢？所以孩子要学会接受遗憾，也要学会舍弃自己不切实际的欲望。

其次，要让孩子知道每个人都有不同的需求，我们只需要满足自己的需求，而不需要去根据别人的需求来配置自己的物品。尤其是在消费的时候，很多孩子并不是根据自身的实际需求决定是否消费，而是根据身边的同学或者是其他人达到的消

费标准,盲目地与他人攀比。在购买很多东西的时候,他们也会认为最贵的就是最好的,其实不然,最合适的才是最好的。不管买什么东西,我们都要追求性价比,而不要盲目地追求高价位。

最后,父母要对孩子的攀比心理进行引导,让孩子发挥攀比心理的积极作用。例如,孩子想与人攀比,那么就要努力向上,通过自己的拼搏获得更好的前途。对于自己现在不能实现的消费水准,等到自己学有所成也有了不错的收入之后,再进行合理的消费,这样才是更可行的。

没有人不努力就能够获得自己想要的一切,孩子也是如此。作为父母不要为孩子营造盛世太平的假象,而是要让孩子看到父母的辛苦,也要培养孩子对父母的感恩之心。在攀比的欲望之中,孩子必须付出代价才能得到满足,经历了这个过程之后,他们就能学会控制自己的欲望,这也是孩子成长的必然过程。

不拜金,更加关注精神生活

随着社会的发展,经济水平的提高,很多人渐渐意识到金钱在生活中具有不可取代的重要作用。尤其是在城市中生活,一举一动、一言一行都需要花钱,不管做什么事情,都要以金钱作为支撑。这在无形之中促使孩子形成了拜金心态。

看到原本活泼单纯的孩子开始崇尚金钱至上的生活，父母们往往会感到很紧张。那么，孩子为什么小小年纪就把钱看得这么重要呢？其实，这并不是因为孩子天生就喜欢钱，而是因为他们在成长的过程中接触到了拜金主义的生活环境。孩子的心智发育还不成熟，他们不具备辨别是非的能力，而且很容易受到其他人和事的负面影响。当发现孩子过于看重金钱的时候，父母如果对孩子大喊大叫，强求孩子必须视金钱如粪土，显然并不能如愿。大多数情况下，父母这样过激的反应还会导致事与愿违，更加使孩子认为金钱是不可或缺的。

明智的父母会抓住这个机会对孩子进行引导，帮助孩子形成正确的金钱观和价值观，这样才能避免孩子走上歧途。否则，一旦孩子在成长过程中养成了错误的观念，那么孩子即使长大成人也很难纠正错误的观点。父母在发现孩子出现拜金心态的时候，一定要引起足够的重视，也要及时采取有效的措施教育孩子。

在很多家庭里，孩子之所以把金钱看得特别重，与父母对孩子的负面影响是密切相关的。有些父母本身就是拜金主义者，他们生活的唯一目标就是钱，他们以赚钱为成功的目标，以花钱为炫耀的资本。在父母们的影响下，孩子不知不觉之间也会把钱看得特别重要，并且对金钱产生错误的认知。要想让孩子形成正确的金钱观，父母首先要形成正确的金钱观，

否则如果孩子过度拜金，就会金钱至上，爱慕虚荣，也会为了赚钱而不择手段。

　　现代社会上，对金钱的崇尚已经成为一种风气。很多年轻人为了赚钱无原则无底线。例如，年轻的男士为了赚钱会做出一些违背道德和法律的事情，年轻的女性为了在短时间内获取大量的钱财甚至放弃了真正的爱情，嫁给那些有钱的老年男性。这些做法在不知不觉之间都会对孩子造成影响，因而父母除了要端正自己对于金钱的态度，给孩子树立良好的榜样之外，也要注意净化孩子成长的环境。当孩子身边出现这种拜金主义者的时候，父母一定要及时地对孩子进行教育和引导，必要的时候需要限制孩子与这些拜金主义者交往。

　　对于父母而言，即使家里真的很富裕，也不要让孩子肆意挥霍金钱，更不要给孩子提供大量金钱，这样才能避免孩子养成花钱无度的坏习惯。反之，即使家里真的很穷，也不要让孩子因为缺少金钱而感到生活举步维艰，更不要让孩子因此而感到自卑。金钱最重要的目的是有助于人保持正常的生活，所以父母在培养孩子的过程中，不管自身的家庭条件如何，都应该让孩子对金钱怀有淡然的态度。

　　当孩子发现孩子过于看重金钱，渐渐地形成拜金心态时，父母应该帮助孩子转移注意力。例如，让孩子更多地做公益事业，或者不再为孩子提供昂贵的玩具、衣服、食物等，而是经常带着孩子亲近大自然，让孩子知道即使花很少的钱，也能拥有有趣的生活。这样孩子就会渐渐地意识到即使没有钱，生活也可以充满欢声笑语，也就不会再把钱看得那么重要了。

　　人们常说，虽然金钱不是万能的，但是没有钱是万万不能的。为了让孩子知道金钱并非无所不能的，父母要对孩子加以引导，也可以借助于网络上的一些消息让孩子看到金钱也会有回天无力的时候。例如，有钱虽然能买来药品，但却买不来健康；有钱虽然能买来床，但却买不来睡眠；有钱虽然能买来房子，但却买不来家；有钱虽然能买来陪伴，却买不来真正的感情。孩子只有意识到金钱并非无所不能，才会知道生活中还有很多比金钱更重要的东西。

　　只有让孩子从小树立正确的金钱观，随着渐渐成长，随着智力水平的不断提升，孩子才能学会更多知识，也才会因为拥有丰富的人生经历而让自己的生命更充实。在此过程中，他们会形成自己的判断能力，也会形成自己的主见，因而就不会再因为迷恋金钱而做出错误的举动了。

　　人生就像是一场万里长征，孩子只是刚刚踏上人生的征途而已，只有在成长的阶段为人生夯实基础，孩子将来才能在人生的路上走得更稳更好。金钱注定要陪伴孩子一生，但是孩子却不能被金钱主宰和驾驭。孩子应该成为金钱的主人，运用金钱为自己的生活服务，也造福于身边的人，这样才能真正实现金钱的价值。

不抱怨，积极面对才能解决问题

说起抱怨，很多人都会想起家庭主妇，这是因为家庭主妇每天要做很多的工作，既要兼顾家务，又要照顾孩子，难免会感到分身乏术，疲惫无力，也常常牢骚满腹，怨声载道。要知道，抱怨可不是家庭主妇的专利啊，很多孩子也会抱怨。对于孩子而言，哪怕他在其他方面的条件非常优秀，学习上出类拔萃，而且形象也非常好，但是如果他总是抱怨，那么他的生活和学习依旧会面临很多困难和障碍。

那么，孩子为何会形成怨妇心态呢？孩子之所以爱抱怨，与父母对他们的教养方式，以及父母与他们的相处方式密切相关。很多父母在教育孩子的过程中，一旦孩子的表现不能让他们满意，就会冲着孩子大喊大叫，或者强制要求孩子做出改变。这种强制教育孩子的行为只会导致孩子怨声载道，使孩子内心的积怨更深，而不能帮助孩子疏导负面情绪，排解孩子的不良心态。明智的父母知道，孩子虽然小，也是独立的生命个体，他们有自己的思想和意识，也有自己的情绪、情感。在亲子相处的过程中，父母会更注重耐心地开导和教育孩子，帮助孩子战胜各种困难和各种困境，也帮助孩子戒掉爱抱怨的坏习惯。

每个父母都想看到积极乐观、阳光明媚的孩子，而不想看到消极悲观、愁容满面的孩子。要想让孩子始终保持良好的心

态，彻底改掉爱抱怨的坏习惯，父母就要做到以下几点：

首先，解铃还需系铃人。要想让孩子们不再抱怨，父母要先了解引发孩子抱怨的原因。对于那些爱抱怨的孩子，父母如果总是不分青红皂白地严厉批评孩子，则只会加重孩子的怨愤心理，而不能真正地帮助孩子改掉爱抱怨的坏习惯。

虽然抱怨属于心理上的一种情绪，但是抱怨与简单纯粹的喜怒哀乐截然不同。如果说喜怒哀乐都是非常纯粹明了的情绪，那么抱怨的情绪则相对比较复杂。抱怨是一种复合型情绪，包括焦虑、紧张、失望、绝望等等，只有在这些复合情绪的综合作用之下，孩子才会出现抱怨的心态。通常情况下，孩子之所以抱怨，是因为他们感到不满意，这往往是心理需求没有得到满足才导致的。

只有对症下药，才能真正地治好疾病，也只有追根溯源，父母才能真正解决孩子爱抱怨的问题。很多时候，孩子虽然一直在抱怨，但是他们并没有意识到自己是在抱怨，所以也就无从谈及改善抱怨的情况。作为父母，要积极地与孩子进行沟通，倾听孩子的真实想法。在必要的情况下，父母还要设身处地为孩子着想。理解孩子的情绪和感受，这对于真正走入孩子的内心是非常有好处的。

其次，在家庭生活中，父母要为孩子营造良好的家庭氛围，而不要总是当着孩子的面抱怨，否则就会给孩子树立糟糕的榜样。孩子的模仿能力是非常强的，他们看似不声不吭，实

际上他们把父母的一言一行、一举一动都看在眼里，记在心里。如果父母总是当着孩子的面抱怨，那么孩子就会受到父母的影响。所以父母要想让孩子改掉抱怨的坏习惯，就应该避免当着孩子的面抱怨生活的各种不如意。

正如人们常说的，人生不如意十之八九。每个人在生存的过程中都会面对各种各样的难题，也有可能深陷困境。抱怨除了帮助人们暂时发泄不良情绪之外，并不能实际解决问题。有的时候，人们如果总是抱怨，还有可能导致事情变得更加糟糕。从这个意义上来说，父母要养成积极解决问题的好习惯，与其花费时间和精力抱怨，还不如提出有效的方法解决问题，这样才能让孩子学习父母的样子，直面问题。

最后，抱怨是孩子处于情绪巅峰的一种表现。如果孩子的情绪特别糟糕，他们抱怨的行为就会越发严重。只要仔细想一想，孩子就会发现问题并不像想象得那么糟糕，因而也就没有必要抱怨了。但是，很多孩子处于情绪巅峰时都不能做到理性思考。

在帮助孩子改掉抱怨的坏习惯时，父母还可以引导孩子在抱怨之前认真地想一想，事情是否真的很严重；除了抱怨之外，有没有办法解决问题。当孩子坚持这么去想，他们就会渐渐地消除不良情绪，也就能够从积极的角度解决问题。

还有一些孩子之所以抱怨，是因为他们非常挑剔和苛责，如他们自己什么事情都不做，但是对于父母做的事情却心怀不满，这是因为孩子不知道感恩。父母想帮助孩子改变抱怨的坏习惯，就需要培养孩子的感恩之心，让孩子亲身感受父母多么辛苦。例如，孩子嫌弃爸爸妈妈每天下班之后不能给他做很多好吃的，那么父母可以在有机会的情况下带着孩子一起上班，让孩子亲身感受父母经过一整天的操劳和忙碌有多么辛苦，回家之后还要拖着疲惫的身体给孩子做饭。相信当孩子切身感受到父母的辛苦劳累之后，就不会再抱怨父母做的饭不好吃，而是会感激父母在这么辛苦疲惫的情况下依然坚持照顾他们。

孩子的人生经历有限，情绪体验也是非常贫瘠的。在这种情况下，他们很难真正体会到父母的心情，也常常会对他人心怀不满。父母要引导孩子多多体验和感受人生，这样孩子才会有更丰富的人生经验，也才会充满感恩。

贪小便宜吃大亏

现代社会上骗子横行霸道，他们未必都有很高的学历，却又有着如簧的巧舌。他们在行骗的时候往往会把一件事情说得天花乱坠，也会扰乱人的心智，使人失去判断能力，从而让骗术得逞。如今，有很多骗子都把目光瞄准了孩子，这是因为成人对于骗子都心怀警惕，而孩子却因为缺乏人生经验，不能识别高明的骗术，所以更容易上当受骗。

对于人性的险恶，孩子的体验还是非常浅薄的。有一些孩子希望能够通过不劳而获的方式获得自己想要的一切，就更容易被骗子的小恩小惠打动。作为父母，当发现孩子是被骗的高危人群之后，对于缺乏人生经验的孩子又应该采取怎样的措施，有效地帮助孩子防止上当受骗呢？父母一定要密切关注孩子，随时掌握孩子的动向，这样才能及时帮助孩子识别骗局，抵制外界的不良诱惑，也才能在坚持对孩子开展自我保护教育的过程中，让孩子提高警惕性，使孩子不会轻易被骗。

只要认真想想，我们就会发现所有的骗子之所以能够得逞，就是因为他们有一个通用的杀手锏，那就是给他人好处，让他人放松戒备，继而让他人吃大亏。反过来说，孩子要想避免被骗，就一定要坚持不贪小便宜的原则。只要孩子把握这个原则，坚信天上不会掉馅饼，世界上也没有免费的午餐，就能够把骗子拒之门外。

果果正在读初二，变得越来越爱美，特别喜欢去商场里领取免费化妆品小样。这是因为她很喜欢用名牌化妆品，但是妈妈却不给她钱买高档化妆品，也不允许她浓妆艳抹，所以她只能利用周末完成作业之后的空闲时间去商场里闲逛，找机会领取一些免费的试用品。

又是周末，果果去商场里闲逛的时候，看到商场的门外空地上摆放着很多高档化妆品。这些化妆品都价值不菲，现在

却价格低廉。果果怦然心动，她在摊位前转来转去，不停地询问着有没有试用品。这个时候，一个大妈对果果说："你想试用吗？我可以买一套，咱们一起试用一下，好不好？"

就这样，果果在大妈买了化妆品之后，就跟着大妈走了。直到进入大妈家的房间之后，她才意识到自己有可能上当受骗了。这个时候，她想仓皇逃跑，却非常困难。她被这个大妈囚禁了好几天，大妈试图把她卖掉，正在寻找下家的时候，幸好爸爸妈妈发现果果失踪，及时报警，警察又根据商场周围的摄像头顺藤摸瓜，进行摸底排查，这才找到了果果。果果心有余悸，抱着妈妈痛哭不已，妈妈对果果说："傻闺女啊，以后可千万不要再贪小便宜了，你看你就为了用点儿免费化妆品，差点被卖到深山老林里。你要是丢了，这辈子就再也找不回家了。妈妈不是不舍得给你买化妆品，是因为你还小。等你考上大学，妈妈一定给你买。"

很多孩子都会在物质方面受到诱惑，但是他们又没有足够的金钱购买这些昂贵的商品，所以就会很爱占小便宜。也有一些孩子之所以爱占小便宜，是因为受到父母的影响。有些父母本身特别喜欢占小便宜，去超市里总要吃那些试用品，去菜摊上买菜总会索要一些免费的菜，时间长了，孩子耳濡目染，就会受到父母的影响，模仿父母的行为。

对于孩子爱占便宜的行为，父母一定要引起足够的重视，

一旦发现孩子特别喜欢占小便宜，父母就要及时制止孩子。孩子贪图小便宜，不但会给人留下恶劣的印象，而且还会使自己深陷危险之中。

当然，除了家庭会给孩子施加影响之外，父母也要关注孩子相处的朋友。有些孩子很容易受到同龄人的影响。作为父母，如果发现孩子相处的同龄人中有品行不端的人，就要引起足够的关注，也要监管孩子的行为举止。

随着社会的发展，骗局正在不断更新，骗术越来越高明，父母当然不可能把孩子完全保护起来，杜绝孩子与假丑恶接触。保护孩子最根本的方法就在于教会孩子识别骗术，让孩子知道人心险恶，这样孩子才能保护好自己。

不嫉妒，才能云淡风轻

最近，班级里转来了一个新同学。这个新同学是一个非常漂亮的女孩，她不但个子高挑，皮肤白皙，而且容貌非常俊秀。新同学到来之后，原本被评为班花的萌萌非常郁闷，这是因为在新同学到来之前，萌萌是大家公认的班花，很多男生都喜欢她，很多女生也都非常羡慕她。但是自从新同学来了之后，大家都开始关注新同学，甚至有人说新同学才是名副其实的班花。每当听到有同学这么说的时候，萌萌难受极了。

渐渐地,萌萌压抑的情绪开始爆发。她决定要想办法赶走这个新同学。有一天上体育课的时候,趁着同学们都在玩球,萌萌偷偷地回到教室,往新同学的书包上弄了很多脏东西。新同学回到教室,看到书包变了样子,非常心疼。新同学把这个问题告诉了老师,老师虽然在班级里进行了调查,但是没有人知道这件事情是谁干的。萌萌提心吊胆,生怕老师发现她是罪魁祸首。后来,这件事情平息之后,萌萌又开始蠢蠢欲动。

有一天,萌萌带了一只癞蛤蟆放到新同学的铅笔盒里。新同学一打开铅笔盒,就被吓得哇哇乱叫,甚至都吓哭了。同学们都哈哈大笑起来。正是这件事情,让萌萌暴露了。原来,有人亲眼看到是萌萌带着癞蛤蟆来学校的。得知萌萌居然做出这样的举动,老师感到非常失望,他想不明白品学兼优的萌萌为何要这么做。

后来,老师与萌萌交谈。萌萌对老师说:"我不想让新同学成为全班的焦点,我没有恶意,就是想把她赶走。"得知萌萌幼稚的想法,老师对萌萌说:"萌萌,一个人并不是长得漂亮就能得到所有人的喜欢。每个人都有每个人的美,虽然新同学长得很漂亮,但是她并不能取代你呀。你是独一无二的存在,她也是独一无二的存在,你们都是独一无二的存在。老师希望你能够端正心态,在学习上与新同学一较高下。你们可以互相促进,互相激励,而不是互相伤害。"在老师的一番开导之下,萌萌终于放下了心中的芥蒂,敞开心扉地与新同学道歉。后来，萌萌还和新同学成了好朋友呢！她们一起上学，一起放学，在学习上互相帮助，在生活中互相关心，共同度过了初中最美好的生活。

　　现代社会生活的节奏越来越快，生存的压力越来越大，职场上的竞争也日益激烈，虽然这都是成人生活范畴内的事情，但是由此而引发的风波却会波及孩子。很多成人都喜欢嫉妒，很多孩子也都心怀嫉妒。在学习和生活的过程中，他们因为在各个方面的表现不如其他同学，就会心生嫉妒。如果孩子能够正确地对待嫉妒，那么他们反而会更加努力向上，希望通过正确的渠道超越他人。但是如果孩子的嫉妒心非常严重，因此而失去了理性，就会因为嫉妒他人而做出冲动的举动，甚至会伤害他人，这样一来，孩子也就走上了人生的歧途。

　　当发现孩子很爱嫉妒他人的时候，父母往往会对孩子大吼大叫，希望孩子能够当即转变这样错误的思想，怀着坦然从容的心境面对成长。实际上，父母的强制教育也许会让孩子暂时隐藏嫉妒心，使孩子的行为表现暂时恢复正常。真实的情况却是，被压抑的孩子会偷偷做出反常举动，使父母无法及时发现孩子的异常，保护和引导孩子。对于这样的情况，父母不要以简单粗暴的方式压制孩子的嫉妒心，而是要真正有效地劝说孩子，让孩子把很多事情都看淡一些，这样孩子才能真正做到心怀坦荡。

也有人说，嫉妒是人心中的毒瘤。当这个毒瘤不断地成长，就会使人心变得扭曲，使人心之中再也没有空间容纳快乐，而是被嫉妒带来的痛苦侵占。由此可见，嫉妒对孩子的影响是非常大的，那么如何才能让孩子不再嫉妒他人，而是通过正常的途径让自己成长起来呢？

首先，要引导孩子全面认识自己。每个人都既有长处，也有短处，如果孩子拿自己的短处与他人的长处比较，就会妄自菲薄；如果孩子拿自己的长处与他人的短处比较，就会狂妄自大。显而易见，嫉妒他人的孩子往往会拿自己的短处与他人的长处比较，孩子应该更加客观公正地认知自己，知道他人有优点，自己也有优点，知道他人有可取之处，自己也有可取之处，这样孩子的心绪才会保持平静。

其次，父母要引导孩子全面客观地看待问题。孩子之所以嫉妒他人，就是因为看问题太过片面，没有进行理性的分析。在与孩子相处的过程中，父母要帮助孩子保持理性，引导全面分析问题，深入理解问题，这样孩子就会客观看待问题，从而避免误入主观的局限之中。

最后，适度的嫉妒心理是一种正常的心态，父母无需要求孩子必须铲除嫉妒。只要嫉妒心理在合理的范围内，孩子是能够以积极的方式应对的。面对嫉妒情绪，孩子要把嫉妒转化为动力。例如，孩子嫉妒其他同学的学习成绩比自己好，不是要伤害其他同学，而是发奋图强，争取在下次考试中缩小与其

他同学的差距，或者反超其他同学，这样嫉妒就起到了积极的作用。

孩子在成长的过程中总会面对各种各样的问题，嫉妒在正常范围内并不是心理问题，更不是心理疾病。父母要对孩子加以正确引导，给予孩子及时的帮助。很多孩子因为心智发育不成熟，所以考虑问题的时候会钻入牛角尖，那么父母要及时帮助孩子走出思想的困局，让孩子的人生海阔天空。

参考文献

[1]罗娜·雷纳.不吼不叫,如何平静地让孩子与父母合作[M].上海:上海社会科学院出版社,2016.

[2]高山.好父母不吼不叫[M].长春:吉林文史出版社,2019.

[3]鲁鹏程.不吼不叫,妈妈的一场修行[M].北京:机械工业出版社,2019.